企业控制权理论研究

胡继立　年志远◎著

中国社会科学出版社

图书在版编目（CIP）数据

企业控制权理论研究 / 胡继立，年志远著 . —北京：中国社会科学出版社，2017.5
ISBN 978-7-5161-9867-4

Ⅰ.①企… Ⅱ.①胡…②年… Ⅲ.①企业管理—研究—中国 Ⅳ.①F279.23

中国版本图书馆 CIP 数据核字（2017）第 031365 号

出 版 人	赵剑英
责任编辑	孙 萍
责任校对	朱妍洁
责任印制	王 超

出　　版	中国社会科学出版社
社　　址	北京鼓楼西大街甲158号
邮　　编	100720
网　　址	http://www.csspw.cn
发 行 部	010-84083685
门 市 部	010-84029450
经　　销	新华书店及其他书店

印　　刷	北京明恒达印务有限公司
装　　订	廊坊市广阳区广增装订厂
版　　次	2017年5月第1版
印　　次	2017年5月第1次印刷

开　　本	710×1000　1/16
印　　张	12.75
字　　数	138千字
定　　价	56.00元

凡购买中国社会科学出版社图书，如有质量问题请与本社营销中心联系调换
电话：010-84083683
版权所有　侵权必究

自　序

　　企业是探索人类文明进步与进程的重要线索，而企业控制权是理解企业性质的关键因素，也是企业"黑箱"中最神秘的部分。以科斯的研究为开端，国外学界逐步展开研究，企业控制权研究已演变为企业理论体系的重要内容。近年来，国内学者结合我国企业发展现状，逐步开始研究企业控制权理论，且研究逐步深入。

　　尽管对企业控制权的研究已经取得一定的成果，但也应当看到此类研究仍存在许多不足和空白，如企业控制权理论始终面临理论基础不牢固、内涵外延模糊、边界不清的问题，可以确切地说企业控制权理论体系仍然是模糊的。这种研究状况不仅影响了企业性质的理解，同时也制约了理论对指导企业效率的提高的作用。因此，对企业控制权的进一步研究是十分必要的。

　　本书基于不完全契约理论，重新界定了企业控制权的概念，创造了新的概念——呈现速度，拓展了企业控制权研究内容；同时，系统分析了企业控制权的来源、功能、配置、收益等内容，初步构建了企业控制权分析框架，使企业控制权理论趋于系统化和规范化。本书主要进行了如下工作。

一是企业控制权基本问题研究。本书首先对企业控制权的基础内容进行了分析，探讨了不完全契约与投资无效率问题，对"权利"与"权力"、企业契约与政治契约等概念进行了辨析，并梳理了已有的企业控制权研究文献。系统梳理了早期经济学家企业控制权思想、新古典经济学企业控制权思想、科斯的企业理论与企业控制权观点、契约理论与企业控制权问题。本书认为企业控制权研究主要面临三大困境，即深层次的企业控制权研究成果较少、企业控制权内涵与外延理解混乱、企业控制权理论由物质资产至上观长期主导。

二是企业控制权概念的重新界定。本书将企业控制权界定为，在企业契约内对企业生产、投资、市场运营和组织租金分配的主导权利。分别对原始生产组织、古典企业和现代企业中的企业控制权存在形式进行了研究；分析了企业控制权概念演进的三个阶段；重新构建了控制权的结构，即企业控制权是由明晰控制权与剩余控制权构成，其中剩余控制权又由剩余基本控制权和剩余发展控制权构成。

三是企业控制权拓展研究。企业控制权拓展研究分四个部分，企业控制权来源研究，分析了物质资产与人力资产的内容和分类，认为物质资产并非控制权的唯一来源。为了分析企业控制权两种来源，以及物质资产和人力资产的基本特征，本书提出了"呈现速度"概念，并将企业控制权的直接来源与间接来源分别进行讨论；企业控制权功能研究，将企业控制权的功能划分为基本功能和发展功能。前者延伸出基本剩余控制权，而后者延伸出发展剩余控制权。企业控制权基本功能可以解决企业契约中各主体间的利益冲突，企业控制权发展功能可以解决企业组织的发展问题，两种功能可以保证企业组织的有效运行；企业控制权配置研究，本书认为，企业契约的配置不是静态的，而是依据专用性与专有性的变化而变动的；最后是企业控制权收益研究，本部分辨析了"保留收入""组织租金"等概念，并重点研究了组织租金。同时，深入研究了专用性与专有性的关系。

四是中国国有企业控制权研究。中国国有企业控制权是指国有企业在实现多元化目标和分配组织租金时的主导权利。本部分运用前面的企业控制权理论分析，对中国国有企业控制权进行了实证检验。主要是对中国国有企业的控制权收益、控制权功能、控制权来源和控制权配置的现状、存在的问题及原因进行深入研究。在此基础上，提出了解决中国国有企业控制权问题的可操作性建议，即明确中国国有企业发展目标，完善中国国有资产管理制度，使中国国有企业逐步退出竞争性领域，提高中国国有企业自主创新能力，运用市场机制配置中国国有企业控制权。

尽管本书对企业控制权理论展开了研究和创新，但这仍然是基于前人研究成果的基础上进行的工作。前人的成果和观点给我们带来了无限的启发和鼓舞，谨在此表示衷心的感谢！

本书虽然取得了一定的研究进展，但限于研究者的能力和水平，难以避免会存在错误、疏漏和不足，欢迎各界朋友和同人予以批评指正。

目 录

第一章 导论 …………………………………………… （1）
  一 选题背景及意义 …………………………………… （1）
    （一）选题背景 ……………………………………… （1）
    （二）选题意义 ……………………………………… （3）
  二 研究方法与结构安排 ……………………………… （4）
    （一）研究方法 ……………………………………… （4）
    （二）结构安排 ……………………………………… （5）
  三 可能创新与不足之处 ……………………………… （7）
    （一）可能创新 ……………………………………… （7）
    （二）不足之处 ……………………………………… （9）

第二章 企业控制权研究基础 ……………………… （11）
  一 不完全契约与投资无效率问题分析 …………… （11）
    （一）可占用性准租金与"敲竹杠"问题
         分析 …………………………………………… （11）
    （二）投资无效率问题分析 ……………………… （12）

二　企业控制权基础的考察与反思 …………………… (13)
　　（一）不完全契约是企业控制权的基础 ………… (14)
　　（二）契约不完全的来源 ………………………… (15)
　　（三）不完全契约基础的反思 …………………… (18)
三　政治契约、企业契约与控制权 …………………… (21)
　　（一）政治契约与企业契约 ……………………… (21)
　　（二）政治契约与企业契约的差异 ……………… (21)
四　权利、权力与企业控制权 ………………………… (24)
　　（一）权力的内涵 ………………………………… (24)
　　（二）权利的内涵 ………………………………… (25)
　　（三）权力与权利 ………………………………… (26)
　　（四）企业控制权的"权"属性 ………………… (27)

第三章　企业控制权研究梳理 ………………………… (29)
一　早期经济学家的企业控制权思想 ………………… (30)
　　（一）早期经济学家的企业控制权思想 ………… (30)
　　（二）早期经济学家企业控制权思想评析 ……… (34)
二　科斯的企业理论与企业控制权 …………………… (35)
　　（一）新古典企业理论与控制权 ………………… (36)
　　（二）科斯与企业控制权 ………………………… (37)
三　契约理论与企业控制权 …………………………… (38)
　　（一）完全契约理论与企业控制权 ……………… (38)
　　（二）不完全契约理论与企业控制权 …………… (40)
四　国内企业控制权研究 ……………………………… (48)
　　（一）国内企业控制权研究现状 ………………… (48)

（二）简要评析 …………………………………… (49)
　五　企业控制权研究的困境及其原因 ………………… (50)
　　　（一）企业控制权研究的困境 …………………… (50)
　　　（二）企业控制权研究困境的原因 ……………… (51)

第四章　企业控制权概念研究 …………………………… (54)
　一　企业控制权概念 ……………………………………… (55)
　　　（一）早期生产组织与控制权 …………………… (55)
　　　（二）古典企业与企业控制权 …………………… (57)
　　　（三）现代企业与企业控制权 …………………… (58)
　二　企业控制权概念内涵的演进 ………………………… (59)
　　　（一）国外学者对企业控制权概念的阐释
　　　　　　及评析 ……………………………………… (59)
　　　（二）国内学者对企业控制权内涵的阐释
　　　　　　及评析 ……………………………………… (64)
　三　企业控制权概念的重新界定 ………………………… (69)
　　　（一）企业控制权概念的重新界定 ……………… (69)
　　　（二）企业控制权的性质 ………………………… (70)
　四　企业控制权的结构 …………………………………… (72)
　　　（一）简要回顾 …………………………………… (72)
　　　（二）剩余基本控制权与剩余发展控制权 ……… (75)

第五章　企业控制权来源研究 …………………………… (79)
　一　企业控制权来源的主流观点 ………………………… (79)
　　　（一）物质资产是企业控制权的主要来源 ……… (79)

（二）物质资产在企业契约中的作用 …………（80）
　二　企业控制权来源质疑 ……………………………（83）
　　（一）企业控制权来源的疑问 …………………（83）
　　（二）权力来源与表现形式 ……………………（84）
　　（三）对 GHM 权力观的重新解读 ……………（85）
　三　企业控制权的直接来源与间接来源 ……………（87）
　　（一）企业控制权的直接来源 …………………（87）
　　（二）企业控制权的间接来源 …………………（90）
　　（三）专用性呈现速度 …………………………（92）

第六章　企业控制权功能研究 ……………………………（95）
　一　企业契约本质与企业控制权功能 ………………（95）
　　（一）企业契约本质的两种观点 ………………（96）
　　（二）对两种观点的评析 ………………………（98）
　　（三）企业控制权功能的内涵 …………………（99）
　二　不完全契约理论与企业控制权功能 ……………（101）
　　（一）交易费用经济学中企业控制权功能 ……（101）
　　（二）产权理论中企业控制权功能 ……………（102）
　　（三）企业控制权功能评析 ……………………（103）
　三　最优企业契约与企业控制权功能 ………………（105）
　　（一）最优企业契约 ……………………………（105）
　　（二）企业控制权最优功能的实现 ……………（107）

第七章　企业控制权收益研究 ……………………………（110）
　一　企业控制权收益的内涵 …………………………（110）

（一）完全契约与企业控制权收益……………（111）
　　（二）不完全契约与企业控制权收益…………（112）
　二　企业控制权收益的分配………………………（113）
　　（一）专用性的内涵……………………………（114）
　　（二）企业契约中谈判力基础…………………（117）
　三　企业控制权收益与专有性……………………（120）
　　（一）专有性的内涵……………………………（120）
　　（二）专用性与专有性的关系…………………（121）

第八章　企业控制权配置研究…………………………（126）
　一　企业控制权配置研究综述……………………（126）
　　（一）国外企业控制权配置研究综述…………（126）
　　（二）国内企业控制权配置研究综述…………（129）
　二　企业控制权配置的原则………………………（133）
　　（一）效率原则…………………………………（134）
　　（二）相对公平原则……………………………（134）
　　（三）动态原则…………………………………（135）
　三　企业控制权配置的影响因素…………………（135）
　　（一）物质资产对企业控制权配置的影响……（136）
　　（二）人力资产对企业控制权配置的影响……（137）
　　（三）企业契约与雇佣契约……………………（138）
　　（四）企业控制权配置转移……………………（139）

第九章　中国国有企业控制权实证研究………………（144）
　一　中国国有企业控制权现状……………………（144）

（一）中国国有企业控制权功能现状…………（144）
　　（二）中国国有企业控制权来源现状…………（150）
　　（三）中国国有企业控制权收益现状…………（154）
　　（四）中国国有企业控制权配置现状…………（155）
二　中国国有企业控制权存在的问题及原因
　　分析……………………………………………（156）
　　（一）中国国有企业控制权功能存在的问题
　　　　及原因………………………………………（156）
　　（二）中国国有企业控制权来源存在的问题
　　　　及原因………………………………………（158）
　　（三）中国国有企业控制权收益存在的问题
　　　　及原因………………………………………（159）
　　（四）中国国有企业控制权配置存在的问题
　　　　及原因………………………………………（161）
三　解决中国国有企业控制权问题的对策研究……（163）
　　（一）明确中国国有企业发展目标……………（163）
　　（二）完善中国国有资产管理制度……………（164）
　　（三）逐步退出竞争性领域……………………（165）
　　（四）提高中国国有企业自主创新能力………（166）
　　（五）中国国有企业控制权的配置应引入市场
　　　　竞争机制……………………………………（167）

参考文献………………………………………………（169）

第一章 导论

"一千个读者眼里有一千个哈姆雷特",人们经常用这句西方脍炙人口的谚语形容文艺欣赏中客观的差异性。如果你在经济学的世界里尝试寻找"企业控制权是什么"的答案,那么大家会发现,各种答案会比"哈姆雷特是谁"的问题更加让人迷惑。企业控制权理论的这种复杂局面,源于多种复杂的因素相互的纠结缠绕。因此,对企业控制权理论展开深入研究是十分必要的。

一 选题背景及意义

(一)选题背景

企业控制权内涵与外延模糊、边界不清,经济学对于控制权究竟是什么没有一个清晰的理论轮廓,其研究状况相对处于一个零散的状态。首先,在经济学内部,对于企业问题本身的理解和企业内活动的解释就有很多种,没有统一的答案,从新古典经济学的"黑箱",到奈特的用提供保险来交换控制权,到科斯节约交易费用的定价成本、巴泽尔的节约监督活动以及阿尔钦和德姆塞茨的团队生产和监督活动机制，再到威廉姆森防范准租金被剥削和哈特等人的剩余控制权理论等。在不同的理解之下，没有哪种理论是权威性和富有统治地位的，所以企业控制权也难以找到一个稳定基础。其次，对于企业研究的其他学科也有很多不同的理论，如管理学中强调的控制权更多的时候是一种对人类行为的控制权，这是与经济学对控制权的理解大相径庭的。其他学科的不同理解对经济学中企业控制权的含义造成了一定的干扰，使问题变得更加的复杂。最后，控制权这个单词含义本身就不是十分明确，企业控制权中"控制"的含义相当复杂，既可以指对物配置，又可以指对人行为的指挥，同时也可以是指监督和管理，难以准确界定。另外，"权"的含义也十分复杂，包含"权利""权力"和"权威"等诸多的含义，所以控制权本身语言含义的迷惑性使得问题变得复杂和难以理解。总之，企业控制权并不是一个科学、确定的概念，如果在没有慎重的考察的情况下使用，会造成理论上许多不必要的混乱和麻烦。在企业控制权的理解上，存在太多的冗杂和争议。

已有对控制权理论的研究，多数并不考虑前提，宽泛地将能够使用的所有内涵与外延都放在企业控制权中，形成烦琐而泛泛的理论，缺少具有针对性的研究。本书认为，已有理论过于要求其实用性，符合实际的法律，实际的财务会计要求。这些现实中的制度背景真的是合理的吗？如果是不合理的，那么不假反思的在这种背景之下形成的理论，则不能解释企业控制权的本来面目。搜集有关制度结构方面的证据和现实世界中的实例等相关工作十分必要，并不应该在未考察其基础等相关问题之前，先验性地下一个包罗万象的定义。因此，应以不完全契约理论为基础，深入分析其中的产权理论对企业控制权的研究，考察其理论基础和前提，对企业控制权的来源、功能、收益等诸多方面进行考察后，重新对企业控制权的概念进行理解，并对企业控制权的配置过程进行描述。本书没有选择广泛意义上的企业控制权，而仅从某一点深入下去，寻找狭义上的企业控制权，目的是使这个关键的概念变得清晰，不让人迷惑。

(二) 选题意义

从理论意义上看，企业控制权的研究一直是企业理论中的研究热点。在有关企业控制权研究的文献之中，存在"控制权""剩余控制权""投票权""现金流权"等诸多概念。这些语义相近，用法有时加以区分，而有时又不加区分，替代使用的概念，使得控制权概念变得语义模糊、边界不清，对于控制权究竟是什么没有一个清晰的理论轮廓，研究还相对处于一个零散的状态。本书通过抽象出企业控制权问题的本质，对原有模糊的企业控制权重新进行界定，有利于明晰企业控制权的本质；通过研究企业控制权的配置、转移、监督等，丰富了企业控制权理论的研究内容；通过研究我国国有企业控制权安排中存在的问题及影响，丰富了国有企业理论。

从实践意义上看，首先，企业是市场经济活动的主要参加者，是社会生产和流通的直接承担者，是社会经济技术进步的主要力量，因此，对于企业控制权的研究可以加深我们对企业性质的理解。其次，企业控制权研究有利于指导企业更合理的安排企业控制权，提高企业效率，促进企业自身的发展。最后，对我国国有企业控制权问题的理解，有利于指导国有企业的改革，促进国有企业健康稳定的发展。

二 研究方法与结构安排

（一）研究方法

第一，横向分析与纵向分析相结合。横向分析可以开拓企业控制权研究视野，掌握企业控制权研究现状，立足企业控制权研究前沿，准确确定企业控制权研究的起点和方向，提高企业控制权研究的效率和质量；纵向分析可以了解企业控制权的理论背景和变化规律，进而制定正确的治理机制。横向分析与纵向分析相结合，可以避免单纯横向分析或单纯纵向分析的片面性。

第二，规范分析与实证分析相结合。所谓规范分析就是运用价值观念或标准对事物是怎样的做出判断，是回答"应该怎么样"的问题；实证分析是指对事物的本来面貌进行调查并如实描述的经济学方法，实证分析方法倾向于对事物的解释，它是回答"是什么"的问题。本书在对企业控制权的规范分析的基础上，利用实证分析方法对比分析现实中企业控制权与理论逻辑的矛盾与差距，从而观察企业中企业控制权的本质。本书更加侧重回答企业控制权"是什么"的问题，即更重视实证的分析方法，期待在复杂的理论中，描述一个更加贴近真实世界的企业控制权。

第三，理论研究与实践应用相结合。企业控制权理论的价值在于指导企业实际运营实践，所以，理论必须为企业控制权在企业实际经营与实践服务。如果企业控制权理论不能应用于实践，不能指导实践，那么，企业控制权理论也就无价值可谈。因此，企业控制权理论研究必须考虑到其实践应用价值，必须以实践应用为最终落脚点，充分发挥企业控制权理论对实践的指导作用。只有这样，对企业控制权理论研究才具有价值。

（二）结构安排

第一章是导论。主要是分析选题的背景及意义，介绍研究方法与论文结构安排，指出本书的可能创新与不足之处。

第二章是企业控制权研究基础。本章的主要目的是为后面的研究做铺垫，对需要明确的概念进行分析和界定。首先，分析不完全契约中投资无效率问题；其次，对企业控制权的前提中的有限理性问题进行反思，分析了权威、权利、权力的内涵，并对企业控制权的"权"属性进行讨论，最后，对政治契约与企业契约中控制权的主要差别进行分析。

第三章是企业控制权研究梳理。这部分以科斯的研究为划分标准。首先，回溯科斯之前的早期经济学家如亚当·斯密、约翰·穆勒、奈特和马克思等的企业控制权的观点，并进行评析；其次，通过对新古典经济学的企业理论介绍，引出科斯对新古典企业理论的批判和对企业的重新理解；最后，对契约理论中的完全契约理论和不完全契约理论最新的应用和发展及批评进行综述，分析企业控制权理论研究所面临的困境及原因，并进行了总结性评论。

第四章是企业控制权来源研究。首先，介绍主流产权理论对企业控制权来源的认识，分析控制权来源的本质，指出物质资产并非控制权的唯一来源，只能作为直接来源起到关键作用，人力资产等同样可以作为控制权的来源。其次，对控制权来源中物质资产的具体内容和分类、人力资产的具体内容和分类，分别进行了分析。再次，对许多学者认为GHM模型是"资本强权观"的观点进行了质疑，并基于直接来源与间接来源对这种观点重新进行解读。最后，为描述物质资产和人力资产进行企业投资的特征，提出了一个新的概念。

第五章是企业控制权概念研究。首先，按照企业组织的历史逻辑，分别分析了早期生产组织、古典企业和现代企业中控制权的发展过程；其次，对经济学理论中控制权概念认识的过程进行综述，对企业控制权的概念进行重新界定；最后，分析了控制权的性质和控制权的结构。

第六章是企业控制权功能研究。首先，分析企业控制权功能的内涵，并对其进行描述。其次，从科斯及阿尔钦和德姆塞茨对企业契约本质的理解入手，分析企业契约的主要目的，并基于交易费用经济学和产权理论对企业控制权功能的认识，对控制权的功能进一步解释；再次，归纳出企业控制权的两种功能；最后，分析了最优企业契约，并将控制权功能的实现与之相联系，得出与控制权功能实现相关的结论。

第七章是企业控制权配置研究。首先，对国内外企业控制权配置的已有观点进行综述，并且进行了评析；其次，对企业控制权所必须遵循的原则进行分析；再次，基于物质资本产权和人力资本产权合作的角度，分别探讨专用性和专有性与控制权的配置关系，并将雇佣契约视为企业契约的一种特殊形式；最后，对控制权配置的转移进行了分析。

第八章是企业控制权收益研究。首先，对与控制权相关的诸多概念进行了辨析，如"保留收入""组织租金"和"剩余收入"等。将组织租金作为本书的重点，分析了完全契约下的控制权收益、不完全契约中的控制权收益，分析了专用性的概念及其应用；其次，对企业内组织租金分配的谈判过程进行分析，认为专用性并不能成为获得控制权和控制权收益的主要基础。使用专有性概念对企业控制权收益的分配过程进行研究；最后，对专用性和专有性的关系进行探讨，并对一些相关问题进行反思。

第九章是中国国有企业控制权实证研究。首先，对中国国有企业控制权现状进行研究，包括国有企业控制权功能现状、国有企业控制权来源现状和国有企业控制权收益现状；其次，对国有企业控制权的功能、来源和收益中存在的问题及原因分析；最后，对国有企业控制权中所出现的问题，提出相应的对策建议。

三　可能创新与不足之处

（一）可能创新

本书的理论创新主要体现在以下三个方面：

第一，重新界定了企业控制权概念。目前，企业控制权有许多不同的内涵，这种局面造成了理论上和实践上的混乱。本书通过对现有企业控制权概念的梳理，在明确企业契约的目的与企业控制权功能的基础上，指出造成混乱的主要原因是已有研究缺少对企业控制权基础的考察。在此基础上，重新界定了企业控制权的概念，即认为企业控制权是在企业契约内对企业生产、投资和市场运营和组织租金分配中的主导权利。重新界定的概念是建立在不完全契约理论基础之上的，现实中的企业契约都是不完全契约，新的概念更加贴近现实，对于指导企业实际运营可以起到一定的作用。另外，重新界定的概念是基于企业契约目的建立的，不仅能够体现企业控制权的基本功能，即控制权在解决企业交易中的机会主义问题的功能，还能够反映企业控制权引领组织进行团队生产和创造组织租金的发展功能。

第二，提出了呈现速度概念。本书为了更加明确地说明企业控制权的来源，引入了一个新的概念——呈现速度，是指某种资本投入企业后，在体现其专用性和专有性时所需要时间上的快慢程度。引入新概念的目的是说明企业控制权两种来源，即物质资产和人力资产的基本性质，专用性与专有性是企业控制权来源的主要特征，二者决定控制权的归属，同时，也决定企业的性质。作为企业控制权主要来源的物质资产和人力资产具有专用性与专有性，但物质资产、人力资产的专用性和专有性在呈现速度上存在差距，导致二者之间的关系是动态的。在企业发展的不同阶段，企业控制权配置也随各种资产呈现速度的变化而发生变化。可以说，呈现速度是决定企业控制权配置的决定性因素。

第三，提出了剩余基本控制权和剩余发展控制权概念。目前，已有研究中对不完全契约下的企业控制权的基本结构进行了划分，即可以描述的部分——明晰控制权，不可描述的部分——剩余控制权。尤其是产权理论中，将剩余控制权作为其理论的核心。但是，已有研究并没有对二者进行更深入的研究，尤其是剩余控制权。本书在分析企业控制权功能的基础上，将剩余控制权一分为二，即分为剩余基本控制权和剩余发展控制权。剩余基本控制权（residual basic control right）是指能够实现企业控制权防止机会主义行为的剩余控制权。剩余发展控制权（residual control right of development）则用来实现企业的发展和组织租金的分配。企业控制权的基本内部结构可以概括为，明晰控制权与剩余控制权是其根本的结构，而剩余控制权又分为剩余基本控制权和剩余发展控制权。在这种结构之下，既可以实现企业契约内各参与者之间不会因为机会主义而发生目标上的冲突，同时也可以通过剩余发展控制权保证组织租金的创造和分配，即实现了个体目标也实现了组织目标。

（二）不足之处

尽管本书有可能的创新之处，但仍存在不足之处。首先，由于无法对有限理性进行模型化分析，导致许多变量缺少数学和建模分析，如专用性、专有性与企业控制权收益关系的分析，如果能够用模型对有限理性进行数学分析，将使结论更富有说服力和更严谨。其次，本书对企业控制权基础的探讨涉及了来源、收益、功能等几个方面，虽然能够对企业控制权的概念进行很好的解释，但这依然是不够的。对企业控制权基础的考察仍是未来艰巨的工作。最后，在探讨控制权自身的性质之后，应该更多地考虑企业所处的市场特征对企业控制权的影响，毕竟企业不是封闭的组织，企业契约与市场契约是互相影响、互相联系的。另外，本书使用的某些概念在传统术语的基础上进行了创新，需要读者用一定的时间来理解，但此举的目的是更好地研究企业控制权的本质特征。作者期待在今后的工作中能够对这些问题加以逐步解决。

第二章 企业控制权研究基础

本章首先分析不完全契约中投资无效率问题,其次对企业控制权的前提进行反思,并分析企业控制权的"权"属性,最后对政治契约与企业契约中控制权的主要差别进行分析。

一 不完全契约与投资无效率问题分析

契约理论作为经济学中新兴的研究企业问题的方法,秉承了经济学对于稀缺资源合理配置的传统,试图通过契约对企业进行重新解读,寻求更合理、更有效率的资源配置方式。其中,不完全契约理论主要解决的是有效投资不足问题,主要关注当契约参与者在信息不对称时所发生的"敲竹杠"问题。

(一) 可占用性准租金与"敲竹杠"问题分析

"敲竹杠"问题的关键是可占用性准租金的存在。在不完全契约中,交易当事人在交易中投入专用性投资,由于契约是不完全的,那么做出专用性投资的一方当事人在事后谈判过程中就有被对方"敲竹杠"的风险——即由于专用性资产一旦形成，再将其移动或转为他用的代价是非常高昂的，这会导致支付给资产所有者的价格急剧下降，并且资产由于已经做出投资而无法根据新的价格减少提供的服务。所谓可占用性准租金，是指专用性资源所产生的最高价值与次高价值之间的差额。为了更好地理解这个概念，我们可以通过一个例子来让这个过程变得更加清晰易懂。买方B与卖方S协商按照价格P_1达成一项特殊产品的协议，S特意为供给此产品在B附近建立了厂房，投入了生产线。那么，S就做出了专用性投资，在机会主义的促使下，一旦在工厂和生产线建成之后B威胁中止或退出交易，就会给S带来损失。如果B提出继续进行交易，并给出一个低于原有价格P_1的价格P_2，那么在第三方无法证实的条件下，卖方S由于已经进行了巨大的专用性投资，也不得不接受价格P_2，从而被B"敲竹杠"。其中P_1与P_2的差价就是"可占用性准租金"，也就是投资收益中一部分可以被对方的机会主义行为无偿分享的那部分收益。

（二）投资无效率问题分析

如果所有的企业投资都如前文例子中所描述的那样，"敲竹杠"现象非常普遍，那么整个社会就会没有足够的激励进行事前的有效投资，从而降低社会总产出。这个问题也引出了契约理论中一个经典的命题，即"契约不完全会导致投资无效率"，这个问题是企业理论中的研究的热点，许多学者围绕此命题提出了不同的观点。

不完全契约理论中GHM理论的观点是，为了防止被他人的机会主义所侵害，应该让做出专用性投资的一方拥有控制权，或者更明确地说是拥有控制权中的一部分，即剩余控制权。威廉姆森（Williamson）所代表的交易费用经济学认为，通过治理结构，如一体化的方式可以解决"敲竹杠"问题，但对于是否能解决投资无效率问题，他们并没有具体详细分析。司法干预视角和赔偿的观点都适当地放松了不完全契约的假设，提出了一些适应性的理论，但并没有对解决投资无效率问题提出实质性方法。履约理论尝试通过精巧的机制设计方法来解决和规避"敲竹杠"问题，但实质上契约的不完全性已经决定完全规避"敲竹杠"是不可能实现的。声誉理论作为刚刚兴起的方法，对解决"敲竹杠"问题有一定的作用，但把声誉作为唯一的解决办法并不可靠，并且这种方法过于依赖完全信息和无限重复博弈。由于解决"契约不完全会导致投资无效率"的命题并不是本书的重点，在此不再一一阐述。而对于资产专用性问题，我们将在后面的研究中进行详细的探讨。

二　企业控制权基础的考察与反思

当今主流企业理论中，标准的委托—代理理论代表了完全契约条件下的企业问题研究，除委托人拥有制定契约及监督契约执行的权力外，完全契约理论并没有企业控制权的容身之地。在不完全契约理论中的交易费用经济学里，以威廉姆森为代表的经济学家主要针对事后激励问题进行研究，也没有专门的企业控制权理论研究。交易费用经济学虽意识到企业权威问题的重要性，但并没有深入研究。只有哈特等人发现这些问题并进行了研究，所以企业控制权的研究主要集中在不完全契约理论中的产权理论（PRT）中。

（一）不完全契约是企业控制权的基础

按照科斯的思路，企业内部权威对资源进行配置取代市场，节省了交易费用。之后的契约理论更是将企业视为一个个契约的联结，并且这些契约都是不完全契约，企业内权威与契约的完全性有着密切的关系。契约作为能够记录下来的条款，规定着交易中各主体的权利与责任。在完全契约条件下，不存在或然事件，交易双方能够预料到所有可能发生的事情，以及在这些事件中适当出现各种行为。在这种情况下，控制权问题只是一个按照契约条款进行履约的过程，或者说控制权的存在因完全契约而没有太大的作用。

在现实中，完全的契约显然只能是一种理想状态，契约必然是不完全的。交易双方只能"签订一个不完全的合约，在某种意义上，它包含着有漏洞或遗漏的条款；也就是说，合约将规定当事人双方必须接受的某些行为，而不规定其他行为。契约将提及某种情况下什么应该发生，但不提及其他情况"[①]，这样契约的不完全性为科斯意义上的权威的存在留下了空间，也成为企业控制权理论的重要基础和前提。契约不完全的性质将企业契约分成了两个部分，即针对未来可预料到事件规定和履行契约中的明晰部分，和无法进行描述不完全部分的权威问题。格罗斯曼、哈特、莫尔以及西格尔的研究主要针对后者，

---

① 奥利弗·哈特：《不完全合约与企业理论》，载奥利弗·威廉姆森、西德尼·温特编《企业的性质》，商务印书馆2010年版，第185页。

他们将不完全部分无法描述的权利称为剩余控制权。可以说，不完全性为企业控制权提供了存在的基础，而剩余控制权是企业控制权理论的主要部分和核心内容。

(二) 契约不完全的来源

契约的不完全打开了企业控制权理论的大门，同时也将剩余控制权推到了前台。本书对剩余控制权的研究，首先从哈特引入剩余控制权概念时所引用的一个例子开始，哈特是这样描述的：

"假设我与你签订为我的汽车制造厂提供一定数量车体的合约。设想需求量增加，并且我要增加你所提供的数量。这从一定程度上看似乎是合理的，即合约对此没有记载（需求增加是一种状态，我们没有计划到或至少没有明确地包括在合约中），我需要得到你的同意。也就是说，在任何合约的重新谈判中，现状的要求点是你没有提供额外的供给；换句话说，在这种情况下，你拥有剩余控制权。"[①]

在这个例子中，交易双方在签订合约提供车体之初，规定了一定的数量，而当或然事件出现，即"我"对车体的需求量增加，导致了双方不得不进行再次谈判。显然在这个例子中，我们得到这样的结论，如果当事双方签订的合约是不完全的，就必然存在随着时间的推移，（合约中）漏洞可以填补的机制，这种填补机制就是剩余控制权，而契约的不完全则是引出剩余控制权的关键。那么契约不完全的主要来源是什么呢？其主要

---

① 奥利弗·哈特：《不完全合约与企业理论》，载奥利弗·威廉姆森、西德尼·温特编《企业的性质》，商务印书馆2010年版，第185、186页。

原因是有限理性假设和忽略第三方（法院）的作用等基本前提。下面我们分别进行研究。

有限理性。新古典经济学中，假设行为人具有完全理性，是个无所不知的超人。在纵向方面，理性人可以预测未来；在横向方面，通晓交易伙伴和环境等情况。与新古典经济学不同，在有限理性假设中的个人都并非全知全觉和富有远见的，而是知识有限并且信息有限，同时了解自己具有这些不足的人，有限理性的人是只具备有限理性的契约人。因此他们不可能也不期望预测到与契约有关的每一件可能的事，并且针对这些事件做出详细的行动计划和分配方案，对于复杂不可预测的情况，人类即使能够预测和做出计划，也没有任何一种人类语言能够足够丰富和精确地去描述它，从而也实现不了完全契约。正是在这种假设之下，每个人的知识、远见、技能和时间都是有限的，这时组织就成了实现人类目的的有用工具。[1] GHM理论[2]认为"有限理性"是交易费用的主要来源，哈特对有限理性的描述是："在复杂的、十分不可预测的世界中，人们很难想的太远，并且也不可能对所有可能发生的或然事件作出计划。"[3]

第三方的可观察但不可证实性。在委托—代理理论中，强调事前激励，委托人通过一系列极其精细的契约设计来激励代

---

[1] Simon, Herbert. A. Models of Man [M]. New York: John Wiley & Sons. 1957: 199.
[2] GHM理论即Grossman-Hart-Moore模型，是由格罗斯曼和哈特（Grossman & Hart, 1986）、哈特和莫尔（Hart & Moore, 1990）等共同创立的，因而这一理论又被称为GHM（格罗斯曼—哈特—莫尔）理论或GHM模型。国内学者一般把他们的理论称之为"不完全合约理论"或"不完全契约理论"。本书将在后文中对GHM模型进行详细的综述。
[3] Grossman, S. and O. Hart. The Costs and Benefits of Ownership [J]. Journal of Political Economy, 1986 (94): 25.

理人，这个契约的本质是将所有可预见到的或然事件都涵盖在其中，即使发生契约无法执行的问题，也可以由外部的第三方（法院）进行强制执行。这样的假设使研究变得简单，只考虑事前激励即可。与完全契约理论不同，不完全契约条件下，在进行研究时，"有限理性"难以在正式模型中作为一个变量进行分析。① 因此哈特等人的研究更强调契约的不完全性源于某些关键变量的"可观察但不可描述性"，或者更为准确的表述是"第三方（尤其是法院）的可观察但不可证实性"。也就是说，当发生纠纷时，作为第三方，例如法院很难对纠纷进行裁决。很明显，契约当事人之间尚不能通过描述契约进行沟通，那么，与对契约运作环境一无所知或知之甚少的第三方，试图证实和进行裁决则更加困难和不可能。

以上的假设，再加上当事人风险偏好中性与信息对称假设，以及存在再谈判的可能，在这些前提之下，我们就可以轻易地推出剩余控制权的内涵，即在不完全契约条件下，任何契约主体之间的关系均是动态变化的，一旦发生契约规定之外的事件，由专用性投资更强的物质资产所有者掌握剩余控制权，做出关键性的决策，并实际决定处理意外事件的方案。

总之，正如费方域对不完全契约理论前提所总结的，"在实际交易中，制定和执行的契约却往往都是不完全的，需要经常修正和再谈判。这就是说，实际达成的契约一不能够将未来可能的事件都包罗无遗，二不能够将在所有这些事件出现时缔约人必须采取的行动、应有的权利和应尽的责任都包罗无遗，

---

① O. Hart and J. Moore. Incomplete Contracts and Renegotiation [J]. Econometrica, 1988 (56): 757.

三不能够用准确的语言在有限的条款中将这些内容描述的足够清楚,四不能够通过第三方(如法院)来将这些契约条款执行得准确无误。因此,契约总是有遗憾和缺口的,总是有模棱两可和歧义之处的,总是需要加以协商和修正的"。① 不完全契约理论中 GHM 的优势在于巧妙地将难以形式化的"有限理性"变量与"可观察但不可描述性"联系在一起,并将其作为契约不完全的基础,并且明确地将非人力资产所有权作为剩余控制权的来源,从而建立起一系列正式模型,更为严谨地论证了与专用性投资相关的"敲竹杠"问题,提出了有关剩余控制权或财产所有权最优配置的许多原理。② 然而,正是这些巧妙的运用也使得这个理论与现实情况相脱离,理论解释范围小,并且引起许多针对它的批评与争论。

(三) 不完全契约基础的反思

虽然不完全契约理论巧妙绕开了难以形式化的"有限理性"变量,将控制权问题锁定并进行了研究,但这一理论本身的基础依然受到了广泛的质疑。一方面,契约当事人的理性假设本身是矛盾的。不完全契约理论中当事人具有有限理性,这导致了契约的不完全性;另一方面,当事人对于双方行为的收益有着完全的理性预期。这种逻辑上的矛盾首先被马斯金(Masin)和梯若尔(1996)指出,并撰文对这种行为假设做出了猛烈的批评。他们认为,既然当事人能够预期到行为的未来成本和收益,那么凭借这种"理性",他们完全能够签订一个

---

① 费方域:《企业的产权分析》,上海三联书店、上海人民出版社 2006 年版,第 81 页。
② 杨其静:《从完全合同理论到不完全合同理论》,《教学与研究》2003 年第 7 期。

完全的契约。事实上，马斯金和梯若尔是在哈特与莫尔的假定下推出了完全契约，他们把自己的结论称为"不相关定理"，即不可证实与不完全性无关。另外，他们还具有启发性地阐述了或然事件的本质："决定契约性质的并不是或然事件本身的物理性质，而是或然事件对当事人的效用的影响。"[①]

西格尔（1999）、哈特和穆尔（1999）对马斯金和梯若尔的质疑做出了回应，他们在对原有GHM理论标准模型进行修正的基础上构建了新的HMS模型，把导致不完全契约的原因聚焦于第三方的不可证实性。[②] 根据他们的HMS模型，当交易环境足够复杂时，即当潜在的交易物品数量达到无穷大时，要找出其中唯一的专用性物品，会带来极高的证实成本和描述成本，因此降低了缔约价值，还不如签署一个不完全契约，等自然状态实现后再进行谈判。虽然哈特等人对于质疑与批评做出了解释，但HMS模型使不完全性变得更加复杂，只能说这是对GHM理论的一种补救，并没有从根本上解决问题。西格尔等人的回应也不能说明此理论的主要问题与矛盾得到了解决，企业控制权理论最大的缺陷就是没有稳固的基础和明确的内涵。

通过以上的分析，我们对企业控制权理论，尤其是剩余控制权研究的基础有了进一步的了解。虽然控制权的理论基础尚不牢固，充满争议，但仍是非常有价值的。

---

① Masin, Eric and Jean Tirole. Unforeseen Contingencies, Property Right, and Incomplete Contracts [J]. Review of Economic Studies, 1999 (66): 83.

② Segal and IIya. Complexity and Renegotiation: A Foundation for Incomplete Contracts [J]. Review of Economic Studies, 1999 (66): 57.

第一,虽然"有限理性"大大解放了经济学研究的前提与约束,但其难以描述内涵及范围,难以模型化是近些年来经济学所面临的巨大难题。在行为学、管理学等学科中,也同样面临这样的困惑与难题。不能停止对于"有限理性"建模的尝试,通过改变前提及使用新的数学手段进行尝试。可以从演化心理学、脑科学等学科中借鉴理论与方法,尝试寻找解答。令人欣慰的是,目前已经有一些学者开始进行这方面的尝试。

第二,尽管"有限理性"无法被具体的描述与模型化,但回到现实世界,契约的不完全性的确是广泛存在,并且与人类自身的"有限理性"有密切的联系。所以,不能因"有限理性"的基础不清楚,就放弃对于不完全契约、所有权以及控制权问题的研究。毕竟对于企业组织问题的研究,尤其是对控制权问题的理论探索,对于解决和指导现实中的问题是有重要价值的。

第三,不完全契约框架之下控制权问题,分为能够通过契约进行描述的"具体部分",以及不能进行描述的"剩余部分"。[①] 虽然有些契约事件是可以描述的,如交货时间、利润分成等,即明晰控制权等,但明晰部分依然是不清楚的,因为无法确定有限理性的范围,无法确定哪些是能够描述的,哪些不能,二者之间的界限与内涵并不十分清楚。同时,现实世界中人们真正关心的是契约的完全程度,而并不是契约不完全程度。已经有学者提出"可行的完全性"概念,如索西耶(Saussier)将之定义为"如果一个契约对于交易及其实现手段进行了更精

---

① Grossman, S. and O. Hart. The Costs and Benefits of Ownership: A Theory of Vertical and Lateral Integration [J]. Journal of Political Economy, 1986 (94): 698.

确的定义，那么该契约就比其他契约更少一些不完全性"[①]，并且那种描述了如何在每一种可以想象到的情况下实现交易的契约，不但是一个完全契约而且还是一个可以实现的契约。

三 政治契约、企业契约与控制权

（一）政治契约与企业契约

人类社会出现以来，就已经生活在契约的世界里了。为了生存，人与人之间必须在达成共识的前提下进行合作，也就是说契约就是为了这种合作而出现的。随着人类社会的发展，契约逐渐依据不同职能分出了不同的种类，政治契约与企业契约就是在这种分化中产生的。由于政治契约与企业契约是非常相似的，近些年来，有些学者已经使用经济学的契约理论对政治过程进行分析和研究，并取得了一定成果。政治契约与企业契约就如同一对双胞胎，二者有许多的共同点，所以本书只研究二者的不同与差异。通过寻找不同点，我们可以更加清楚地看到企业控制权的基础与轮廓。

（二）政治契约与企业契约的差异

主体不同。企业契约中控制权的主体通常是单个经济人，他通过有限理性以及个人偏好和基于外部约束条件进行判断和选择。而政治契约中的控制权不会被某单个主体所有，其主体

---

① Saussier and Stephane. When Incomplete Contract Theory Meets Transaction Cost Economics: a Test. In Institutional, Contracts, and Organizations: Perspectives from Institutional Economic [M]. Edward Elgar Publishing Limited, 2000: 388.

通常是一个组织或政党。如一国元首表面上拥有最高的控制权，但实际上他只是某一执政党的代表和代言人，他所做出的决定是由背后各种主体博弈后的结果，而并非如单个经纪人基于偏好和约束条件做出的决定。

目标不同。在企业活动中，个人的主要目的是追求个人的目标函数最大化，尤其强调经济目标的实现，所以企业控制权的目标是经济性质的目标，如企业组织租金最大化，企业中个体追求个人财富最大化等。而政治契约的目标更加多元化，通过控制权所实现的目标可能是社会福利最大化，可能是社会的公平及和谐稳定，可能是经济发展，也可能是主权的完整等更加全面的目标。经济目标是政治契约许多目标中的一个，尽管经济目标非常重要，是实现其他目标的基础和前提，但不能成为政治契约的唯一目标。

来源不同。不完全契约理论认为，企业控制权的主要来源是对于物质资产及其他关键资源的所有权，以避免在交易中受到"敲竹杠"的风险的威胁，物质资产是企业控制权的直接来源，可以直接转化为企业控制权，而其他关键资源如人力资产，是通过间接的方式转化为企业控制权的；但政治契约中的控制权与企业控制权的来源有巨大差别，这种控制权来自政治选票或者说是一种政治上的支持，来自大多数人的支持与拥护。与企业控制权由关键资源决定所不同，政治契约控制权并非来自某一部分关键程度高的人的意志，或来自某种物质和关键要素的所有权基础。

结果不同。企业契约中，控制权面对不确定性做出的事后选择与决策，其决策的一切后果，无论好与坏都由对企业进行控制的经济行为人自己承担和负责；在政治活动中，政治契约控制权决策和选择的后果通常是由全体人民来承担，而非由拥有控制权的某个领导或政党独自承担。企业契约的结果仅是经济意义上的某种后果，政治契约的结果则更加复杂。

监督机制不同。企业控制权所要面临的监督来自第三方（法院）、外部市场、内部制衡等机制，其监督机制偏向于经济性监督，如果发生控制权的滥用，则最终会体现在外部市场的价格中，控制权拥有者承担失去控制权或者退出企业的后果，也仅以此为止；而政治契约中的控制权的监督机制更加的强硬，这种监督一般很难由第三方进行操作，真正的监督主要来自政治市场中的选票与支持率的约束。一旦出现政治控制权的滥用的情况，其惩罚机制则更加严厉、更具法制性。

总的来说，控制权作为人类为体现自己意志的一种工具，在企业契约与政治契约这对"双胞胎"中最大的差别在于所追求目的上的差异。企业契约中的控制权追求的是经济效率的实现，而政治契约中的控制权则要求多重目标。交易费用经济学试图通过不同的治理结构来解决"敲竹杠"问题，其中企业契约因其不完全性适合使用科层方式解决，而契约更加不完全的政治契约则需要通过政治结构来解决。事实上，近年来许多学者已经尝试使用经济学中的契约理论研究方法对政治契约进行研究，并取得一定的成果。

四 权利、权力与企业控制权

在企业问题相关研究中,权力、权利与权威三个概念频繁出现。在涉及企业控制权研究中,企业控制权时而以"权力"语境出现,时而以"权利"现身,时而又变成一种"权威",这更加为企业控制权蒙上了混乱的面纱。一些学者认为,与社会学和法学等其他学科不同,经济学范畴的权力、权利和权威并没有太多区别,也并不需要过多的区分。[①]但本书认为,非常有必要澄清几个与"权"相关联的概念,以免造成理论上的混乱和误解。为了更好地理解这几个概念,我们首先分析一下社会学家、法学家乃至哲学家的观点。

权力在拉丁语和英语词源中有两种说法,一种认为,是源自拉丁语"Potere",意思是"能够"以及体现主体某种意志的能力,由其派生出现在英语单词"Power",意味权力;另一种认为,"权力"源于拉丁语"Autorias",是法令与意识以及权威的含义,由此派生出英语"Authority"一词。而在英语中"Authority"就是权威的意思,从这种意义上说,权力与权威的含义更接近。为方便讨论,本书将权威归至权力的范畴中,将二者视为相近含义进行理解,因此只需探讨权力与权利二者即可。

(一)权力的内涵

从经济学角度来说,权力绝对不是一个容易定义的词语。

[①] 聂辉华:《声誉、契约与组织》,中国人民大学出版社2009年版,第103页。

鲜有针对权力的经济学研究，但其重要性是不可否认的。任何社会科学学科中，"权力"都不是一个容易定义的词语。权力在《现代汉语词典中》中有两个含义：意识政治上的强制力和职责范围内的支配力量。在《社会学词典》中，权力是一种强制性的社会力量，支配权力的主体，利用这一力量驾驭客体，并迫使客体服从自己。哲学家罗素认为，权力是故意作用的产物，当甲能够故意对乙的行为产生作用时，甲便具有对乙的权力。[①] 他又进一步将权力分为"对人的权力和对事物或非人类生活方式的权力"[②]。社会学大师马科斯·韦伯的权力定义为："权力表明有一定社会地位的人的能力或潜力，即在某种社会制度内对于其他人存亡所系的问题规定条件、做出决定，即采取行动的能力或潜力。"[③] 社会学家们的定义强调的是围绕权力的人与人之间的一种命令——服从关系，缺少对权力关系互惠性的关注。法学家们则更加关注权力的合法性与强制性，如俞中的定义为："以合法的权力作为后盾的一个主体支配其他主体的能力。"[④] 总之，在社会学以及法学中，权力的概念强调的是一种人与人之间的强制、互惠关系。

（二）权利的内涵

什么是权利，有许多不同的解释。在现代社会科学里，权利是一个受人尊重而又模糊不清的概念。武步云认为："权利

[①] 卢少华、徐万岷：《权力社会学》，黑龙江人民出版社 1989 年版，第 19 页。
[②] 陆德山：《认识权力》，中国经济出版社 2000 年版，第 5 页。
[③] 卢少华、徐万岷：《权力社会学》，黑龙江人民出版社 1989 年版，第 17 页。
[④] 俞中：《权力起源的比较法文化起源研究——以北美印第安部落与中国古代酋邦为例》，硕士学位论文，西南政法大学，2003 年，第 69 页。

是由社会经济结构和文化发展所制约的人们在社会关系中的行为自由及其界限,他意味着人的积极性、创造性的发挥和对物质的、精神的利益的享有。"① 而张文显的观点则更加明确了权利存在的制度背景,他指出:"权利是规定或隐含在法律规范中,实现于法律关系中的主体以相对自由的作为或不作为的方式获得利益的一种手段。"② 权利的法学定义显然更强调法律上的私人秩序的公共范畴,权利与义务相对应,二者为个人的行为划定了基本的法律界限。在经济学中,权利的概念是随着契约科学的发展而受到重视的,由于契约可以规定交易中各方的行为,那么权利就可以来源于权利的赋予与授权。权利是应对交易中的不确定性而出现的概念。

(三) 权力与权利

对于权利与权力的关系,我们可以引用卢梭的经典论述。卢梭在《社会契约论》中指出,人们通过未经事先商定的某种契约形式来形成一种结合形式,"每个结合者及其自身的一切权利全部转让给整体,这就产生了一个道德与集体的共同体,及国家或者主权者"③。每个个体都将自己的一部分权利让渡出来,由某人或某些人组成的机构来管理这些权利,于是这部分人就拥有了权力。每个人让渡自己的这部分权利的一个最主要原因是,个人权利的最大化就意味着全体权力的最小化,例如在没有规则的原始状态下,没有法律风俗的约束与头领的管

---

① 武步云:《马克思主义法哲学引论》,陕西人民出版社1992年版,第199页。
② 张文显:《法学基本范畴研究》,中国政法大学出版社1993年版,第82页。
③ 俞可平:《西方政治学名著提要》,江西人民出版社2000年版,第151页。

理，那么在最原始的情况下，就是最强壮、最勇猛的动物能够活得稍微长久一些，但也无法保证不被同类打败，也确保不了不受外部部落或异类的偷袭与侵略，而且这些都是在个体生命中所必然面对的必然威胁。人类如果生活在弱肉强食的生存规则之下的社会中，自然会感到朝不保夕的威胁和恐惧，并且往往是任何个体都得不到好处。于是，一种试图使每个个体都能相对和平相处，实现整体利益最大化的规则逐渐产生了，人们订立规则与契约，也就是把自己的一部分权利让渡给法律或者准法律（风俗、习惯、某些规则）。人类为了自己的权利，推举出管理者，作为权威来进行管理，以实现单个个体的具体权利。"人类一切合法权威的基础是约定，全体人民转让自己的自由就成为某个国王的臣民"①，或者成为某个权威的服从者。

（四）企业控制权的"权"属性

科斯指出，"企业的本质特征是对市场的替代"，在市场体系中，经济活动由"看不见的手"协调，而企业内部的经济活动则由"看得见的手"指挥，即依靠权威完成资源在组织内部的配置。这种替代是由于利用权威关系间接定价，节省了交易费用。在企业内人们通过契约规定各方的行为，但由于人类的有限理性的存在，根本无法描述所有未来可能发生的事件，只能签订一个不完全契约。不完全契约划分为完全部分和不完全部分，契约所规定的各方权利也分为两部分，即可以描述的部分和不可以描述的部分。所以企业控制权的本质是一种权利，

---

① 俞可平：《西方政治学名著提要》，江西人民出版社2000年版，第150页。

是为了实现各方利益通过契约来规定交易的一种方式。把剩余部分权利在组织内部配置资源的权威关系视为企业控制权的表现形式，对企业内部的物质资产、人力资产以及其他一些资产的控制与配置是一种命令与服从的关系。将企业控制权定义为一种权利更符合企业控制权自身的属性和本书的目的。本书认为，企业控制权的本质是一种权利，但在具体执行中（尤其是剩余控制权）就成为一种权力。在本书的具体论述中，权利与权力的不同运用代表控制权的权利关系和具体运用。

相比而言，权力的理论内涵更加强调协调、领导及服从关系，虽然对这个概念的理解缺少经济学语境的分析，但显然在对企业控制权进行宏观描述时，适合使用权利的概念，而在描述其具体执行与操作的过程时，更适合将企业控制权作为一种权力来探讨。哲学、社会学和法学对于权力的定义更加侧重于人与人之间，人与社会之间的互动关系，欠缺关注权力关系之下的激励与收益，不适用于分析经济组织中的权力关系问题，不符合经济学的传统与研究要求。

第三章　企业控制权研究梳理

在经济学世界里，企业控制权只是解释的工具，而并不是解释的对象。这种厚此薄彼的现象由来已久。亚当·斯密在其经典著作《国民财富的性质和原因的研究》（*An Inquiry into the Nature and Causes of the Wealth of Nations*）中，已经发现企业内控制权问题的重要性。之后，主流的新古典经济学并不存在企业理论，而是价格理论，也并没有关注企业内权利问题。真正对企业性质和企业控制权问题深入探讨是从科斯开始的，他对企业性质的经典性论述，引发学术界对于企业组织问题的重视。契约理论是近30年来迅速发展的经济学分支之一，与主流的新古典经济学不同，契约理论试图将契约作为基本的分析单位，从而揭示理性的经济主体之间的关系。

本书对企业控制权研究的梳理以科斯的研究为逻辑中心，通过回溯早期经济学家的观点，并以科斯的观点不断扩展，对企业控制权理论的最新的应用和发展，以及批评的相关研究进行梳理，并做总结性评论。

一 早期经济学家的企业控制权思想

亚当·斯密（Adam Smith）、约翰·穆勒（John Stuart Mill）、阿尔弗雷德·马歇尔（Alfred Marshall）、弗兰克·奈特（Frank Knight）以及马克思（Karl Marx）等早期的经济学大师，都对企业控制权问题进行过论述。

（一）早期经济学家的企业控制权思想

第一，亚当·斯密的企业控制权思想分析。亚当·斯密对企业的分析，是从分工角度开始的。在《国民财富的性质和原因的研究》中，亚当·斯密分析了许多当时称为"联合股份公司"中的现象，并做出如下评论："这类公司的主管……更多的是在照顾着别人的钱财，而非自己的钱财；很难想象，他们会和私人合伙企业的合伙人一样，以高度警觉来照管这些资产。如同有钱人的管家一样，他们会认为在小事上斤斤计较会损害主子的体面，因此也就不再精打细算。这样，股份公司就多少难免疏忽浪费之泛滥。"① 亚当·斯密虽没有直接提到控制权问题，但他显然已经注意到企业所有权与控制权的分离可能导致管理者与股东的目标函数不一致的现象。

第二，约翰·穆勒的企业控制权思想。约翰·穆勒不仅认同亚当·斯密对于控制权现象的描述，同时他也描述了一些相似的现象。"个体经营相对于股份公司也有其优势。主要在于，

---

① 亚当·斯密：《国民财富的性质和原因的研究》，商务印书馆1972年版，第256页。

个体经营者更加期盼事业成功，因此更为敬业……股份公司的管理机构主要由雇员组成。尽管……董事会负责监督经理……但他们除去自己持有的股份以外，与公司经营的好坏没有切身利益，而他们持有的股份只占公司股份的极小部分，通常也只是董事财产中的一小部分；而且，他们通常一面从事管理，一面进行很多其他与个人利益更加息息相关的活动；除去雇佣的经理，没有人把公司的经营管理当作主要关心的事物。但是，如经验所展示的和表达日常经验的俗话所说，雇员的经营管理远逊于利益切身的个体经营，假如不得不雇人管理，那'主子的眼一定要瞪大'。"①

约翰·穆勒不仅对亚当·斯密的观点进行了更加深入的描述，同时，他也发现了企业契约中雇用问题的特殊性。

第三，阿尔弗雷德·马歇尔的企业控制权思想。并不是所有的学者都认为控制权与所有权的分离都是有损效率的，马歇尔认为，在联合股份公司中，"面对着前进道路上巨大的诱惑，那些大的上市公司的高级主管都尽可能做到洁身自好，这有利地表明在最近以来，诚实与正直的精神获得了奇迹般的增长。……我们有充分理由期待商业道德的进一步提高"②。

显然，阿尔弗雷德·马歇尔对于公司中所有权与控制权分离导致的经理人拥有控制权，保持了乐观的态度，认为权力是可以得到有效的执行的。

第四，弗兰克·奈特的企业控制权思想。弗兰克·奈特在其经典著作《风险、不确定性与利润》(*Risk, Uncertainty and*

---

① 约翰·穆勒：《政治经济学原理》，商务印书馆1991年版，第138页。
② 阿尔弗雷德·马歇尔：《经济学原理》，商务印书馆1997年版，第253页。

Profit）中，主要研究企业组织的风险问题与利润性质问题，同时也涉及企业控制权问题。弗兰克·奈特指出，不确定性与风险是不同的两个概念。不确定性指的是知道未来可能发生的每一种状态，但并不能为每一种状态赋予确定的概率值；风险则是指不仅知道未来可能发生的每一种状态，而且知道每一种状态对应的概率值。弗兰克·奈特认为，利润的产生是由于不确定性的存在和错误预期的可能导致的。

弗兰克·奈特解释了解决不确定性的结构和方法。他分析道："更重要的是生产团体本身的专业化趋势——找到最具有所需类型管理才能的人，让他们负责团队的运转，并使其他成员活动服从他们的指导和控制。有一点无须明确谈及，那就是企业的组织取决于这样一个基本事实：人的能力以一种一般方式指导其他人日常的体力和脑力劳动。还必须考虑到的是，人们在有效控制他人的能力和决定应该做什么的智力方面存在差异。另外，在对自己的判断和权力的可信程度上，以及根据个人组件进行行动、'冒风险'倾向上，人类所表现出的多样性也在起作用。这一事实导致组织形式上的最根本变化——在这一机制下，执行和敢于冒风险的人通过保证多疑和胆小的人有一确定的收入，以换取对实际结果的拥有而'承担风险'或对后者'保险'。"[①] 他同时也解释了企业与利润的问题，"企业的本质是负责经济生活的职能的专业化，他被忽视了的特征是责任和控制这两个因素的不可分割性。在企业制度中，一个特殊的社会阶层——企业家——指导经济活动；他们是严格意义

---

① Frank Knight. Risk, Uncertainty and Profit [M]. New York: Houghton Mifflin Co. 1921; Kelly and Millman, 1957: 106.

上的生产者，一般大众只是为他们提供生产性服务，他自己和自己的财产交给这一阶层支配；企业家向那些提供生产服务的人保证一份稳定的收入。准确的定义这些只能并通过社会结构来探究他们是一项长期任务，因为专业化永远不是彻底的。但是，我们终将发现，在自由社会中，这两项基本职能是不可分离的。在自由社会中，做出任何程度的有效判断或决策总是要承担相应程度的不确定性，以及这些决策承担响应程度的责任"。

弗兰克·奈特的解决方法实际上是利用人们对于风险承担能力和主见行事上的差别，在企业家和雇员之间对风险的重新分摊。厌恶风险的工人将市场不确定性转嫁给风险偏好中性的资本家，同时向资本家支付"风险佣金"，工人自己自愿领取一个固定的低于期望收入的"确定性等价"工资，相反，资本家因风险偏好优势而承担了市场的不确定性风险，而取得经营管理权威，并成为剩余索取者享有"风险佣金"。[①] 企业正是由于可以降低风险成本，从而提高经济效率的制度安排。企业存在和保证利润的关键在于企业内部的权威关系的存在，也就是企业家享有对企业员工活动的控制权。虽然这种对控制权的理解本质上是一种对行为的控制，但风险偏好差异说可以很好地解释企业权威存在的合理性，这种由先天风险偏好决定控制权最优选择的理论显然是与现实世界相脱离的，这类观点也受到来自科斯等许多学者的质疑和批评。

第五，卡尔·马克思的企业控制权思想。马克思通过分析

[①] 杨瑞龙、杨其静：《对"资本雇佣劳动"命题的反思》，《经济科学》2000年第6期。

企业内资本家与工人在权力交换中的对立现象，涉及企业内部权力的问题。他指出，"一切规模较大的直接社会劳动或共同劳动，都或多或少地需要指挥，以协调个人的活动，并执行生产总体的运动——这不同于这一总体的独立器官的运动——所产生的各种一般职能"，同时"随着许多雇佣工人的协作，资本的指挥发展成为劳动者过程本身的进行所必要的条件，成为实际的生产条件。现在，生产场所不能缺少资本家的命令，就像在战场上不能缺少将军的命令一样"。马克思指出资本家按照劳动力的日价值购买了劳动力，因此拥有对工人劳动力的任意使用权，因此："他们（劳动者）的劳动联系，在观念上作为资本家的计划，在实践中作为资本家的权威，作为他人的意志——他们的活动必须服从这个意志的目的——的权力，而和他们相对立。"① 马克思同样是从团队生产和劳动分工的角度出发，分析了企业内权威对企业团队生产的重要性，以及阶级性和对立性，但他并没有探讨资本家和劳动者之间契约的问题。

第六，伯利和米恩斯的企业控制权思想。美国法学家伯利（Berle）和经济学家米恩斯（Means）从经济学的角度，在他们1932年发表的《现代公司与私有财产》一书中，系统地论述了所有权与控制权的分离成为美国公司治理结构的基本特征，他们的研究第一次系统的对控制权问题进行了深入的探讨，并引起了理论界对控制权相关问题的广泛兴趣。

（二）早期经济学家企业控制权思想评析

早期经济学家关于控制权问题仅仅局限于对实际经济现象

---

① 马克思：《资本论》，人民出版社2004年版，第434页。

与行为的观察,虽然这些观察是深入和富有洞察力的,但早期经济学家对企业控制权的探索还处在朦胧的摸索阶段,并没有触及控制权问题的实质,也缺乏系统的理论探索。亚当·斯密、穆勒及马歇尔对企业中与控制权有关现象的描述,只是触及控制权的表面问题,如亚当·斯密所表述的联合股份公司现象,只是所有权与控制权分离后所引出的委托代理问题而已。弗兰克·奈特的观点相比较而言更进一步,他更加关注风险对于企业控制权的影响,同时指出劳动者的体力劳动和脑力劳动的差别,更重视企业家的作用。但弗兰克·奈特将风险承担或对风险的偏好作为分担企业控制权的标准,并不能令人信服。马克思从团队生产以及劳动分工的角度对企业内的权威问题的研究为后来的研究打下了良好的基础。马克思对团队生产的认识已经清晰,后来阿尔钦和德姆塞茨的研究基于他的观点形成了"团队生产理论",描述了企业契约创造组织租金的过程。早期经济学家的描述和观点无疑是深刻的,但企业理论真正的转变是从科斯开始的。

二 科斯的企业理论与企业控制权

1937 年,科斯发表论文《企业的本质》(*The Nature of the Firm*),开创了企业理论的新纪元。他将企业抽象为市场的对立面,也就是说,在"市场—企业"二分法基本范式中,契约被划分为两大类型,"市场契约"和"企业契约",而正是权威的存在划分了市场与企业的范围。虽然科斯的论文《企业的本质》早在 1937 年就已经发表,但在当时的新古典经济学、剑桥学派、管理学派所主导的企业理论范式的光环笼罩之下，这篇重要的著作被埋没近四十年，直到 20 世纪 70 年代才重新被人们关注，并主导了企业理论的革命性变革。对于企业控制权理论来说，科斯最大的贡献是首次把企业内权威问题纳入企业理论体系中。为了更好体现科斯企业理论的优势所在，在引入其观点之前，我们先对新古典经济学对于企业的观点进行研究。

（一）新古典企业理论与控制权

严格地说，新古典经济学并不存在企业理论，而是价格理论，这里所说新古典企业理论只是新古典经济学对于企业的经济学分析。由马歇尔开始到萨缪尔森以及之后大多数新古典经济学家，使用一系列严格的假设，试图证明价格机制的充分运行可以实现资源配置的帕累托最优。在严格的前提假设中，将涉及企业问题中的不确定性、认知能力以及内部摩擦、关系、权利、权力等有关因素全部舍弃掉。企业被规定为一个外生给定的、追求利润最大化与成本最小化的生产函数，即一个能够自动地根据边际原则来决定要素投入和产品产出的"黑箱"。新古典企业理论中缺少企业内控制权问题研究的主要原因是在研究这类问题时，很难准确地将某些变量"模型化""概念化"。同时企业控制权问题并不适合使用与研究价格和市场问题相同的方法，只能在假设中将这些"麻烦"抽象掉，仅将企业视为一个原子以便能够有效地说明分权经济下引导会实现帕累托最优。[①] 这样不仅简化了企业问题的复杂性，忽略了企业

---

① 聂辉华：《企业的本质：一个前沿综述》，《产业经济评论》2003 年第 2 期。

内部与控制权相关的问题，同时使新古典经济学体系更具整体性和连续性。

（二）科斯与企业控制权

关于新古典经济学对待企业问题的态度与方法，科斯提出了质疑和挑战。科斯认为，新古典经济学零交易费用的假设是远离真实世界的"黑板经济学"。他指出，"企业的本质特征是对市场的替代"，在市场体系中，经济活动由"看不见的手"协调，而企业内部的经济活动则由"看得见的手"指挥，即依靠权威完成资源在组织内部的配置过程。这种替代是由于利用权威关系间接定价，从而节省了交易费用。

科斯认为企业能够降低交易费用的主要原因包括三个方面。一是在企业内部某一生产要素可以充当中心签约人，同与其合作的所有其他生产要素签订一系列契约。这样，一个长期契约就替代了一系列短期契约，可以节省部分签约成本。二是企业家可以按低于被替代的市场交易的价格得到生产要素。三是企业内部契约的特征是，生产要素为了得到一定的报酬而在契约规定的限度内服从企业家的指挥，同时契约也限制了企业家的相机处置范围。当环境发生变化时，企业家可以使用这种相机处置能力将各种生产要素配置到最有价值的用途上。所以，企业的存在就是为了节省交易费用，企业的存在也是企业内部交易比市场交易更能节省费用的结果。[①]

对于企业控制权理论的发展来说，科斯对于企业性质和企

---

① 杨瑞龙：《企业理论：现代观点》，中国人民大学出版社2005年版，第31页。

业权威的观点无疑是巨大的进步：首先，虽然之前的学者已经意识到了企业内控制权的存在，但多数研究只是描述现象，并没有进行理论性的分析，科斯使用"权威关系"概念来解释企业的性质，并赋予重要的含义，这种观点已经成为主流企业理论的主要基础；其次，按照科斯的理解，是这种权威关系取代了价格机制进行资源配置。也就是说，是权威关系将企业和市场相区别；最后，企业内这种权威关系取代价格机制及市场节约了交易费用，成为企业性质的关键所在。因此，对企业性质的理解，就应是对企业内权威关系的理解，即对节省交易费用的原因的探究。

在科斯揭开"黑箱"之后，企业理论沿着两个理论主线发展，完全契约理论（complete contracting theory）与不完全契约理论（in-complete contracting theory）。前者以委托—代理理论（principal-agent theory）为主体，后者则继而发展出两个分支，交易费用经济学（transaction cost economics，TCE）和产权理论（property right theory，PRT）。

三 契约理论与企业控制权

在科斯之后的契约理论中，都或多或少的涉及企业控制权问题，尤其是产权理论中的 GHM 理论更是将控制权作为重要因素，将控制权问题的理解提升到了一个新的高度。

（一）完全契约理论与企业控制权

20 世纪 70 年代以来，阿尔钦（Alchain）和德姆塞茨

（Demsetz）、简森（Jansen）和麦克林（Mackling）、霍姆斯特罗姆（Holmstrom）及张五常等发展起来的委托—代理理论，是完全契约理论的主要内容。标准的委托—代理理论有四个主要假设。一是契约人具有完全理性，委托人可以充分预见未来与或然事件，并根据预见设计恰当契约及拥有完全兑现承诺的能力。二是委托人和代理人之间信息不对称，委托人具有完全议价能力，但代理人可以利用私人信息事前进行"逆向选择"，或在执行过程中"隐藏信息"；也可能在事后不可观察性行动中存在"道德风险"。三是当契约不能自我实施或发生冲突时，可以在第三方（尤其是法院）的帮助下得到很好的执行，因此无须进行再谈判。四是经济中不存在共谋现象。委托—代理理论强调事前激励，委托人通过一系列极其精细的契约设计来激励代理人，这个契约的本质是将所有可预见到的或然事件都涵盖在其中，实现不需要再谈判的完全契约。经典的委托—代理理论中的契约是完备的，将签订契约的费用以及契约的执行费用忽略，所以在这种情况下企业内的全部权力就仅剩委托人手中的监督权，也就是在设计好的契约条款下，委托人所要做的只是监督代理人，防止发生因信息不对称产生的"道德风险"即可，即使发生契约无法执行的问题，也可以由外部的第三方（法院）进行强制执行。

在委托—代理理论中，企业控制权的内涵仅仅剩下监督契约执行这一部分，并没有为"剩余控制权"或"权力"等因素留下存在的空间。有三个原因导致在委托—代理问题中缺少对控制权问题探讨：一是在委托—代理理论的假设中里，契约是完全的，所有一切事件都已经被预料到，并写进契约，委托人所要做的只是监督,并不存在需要拥有控制权的一方来决定如何处置的或然事件;二是在契约无法执行的情况下,第三方(法院)被假设拥有证实并且强制执行的权力,这进一步使产权以及企业内的权力问题变得并不非常重要;三是委托—代理理论主要是解决对信息不对称条件下的委托人与代理人目标函数不一致的问题,也就是解决激励问题,并不是权威问题。

总之,完全契约框架并没有脱离开"阿罗—德布鲁"传统,企业控制权的存在空间很小,实质上这与科斯所理解的企业是不同的,即企业是凭借一定的"权威"来配置资源的特殊组织,而被完全契约理论所忽视的权威问题正是我们理解企业内许多重要问题的关键。

(二)不完全契约理论与企业控制权

不完全契约理论是 20 世纪 60—70 年代兴起的以契约不完全性作为理论基础对企业问题进行研究的方法和理论。契约不完全的思想源于科斯在《企业的本质》中的论述:"由于预测方面的困难,有关物品或劳务供给的契约期限越长,实现的可能性就越小,因此买方也就越不愿意明确规定对方该干什么。"其主要分支为交易费用经济学和产权理论,这两种理论都强调有限理性和机会主义是导致契约不完全的主要原因,并寻求对不完全契约条件下的投资效率问题的解决办法。

(1)交易费用经济学与企业控制权

以威廉姆森(Williamson)和克莱因(Klein)为代表的经济学家继承了科斯不完全契约和企业的主要观点,通过引入有限理性、机会主义和资产专用性三个重要的概念,构建了交易费用经济学。

有限理性指介于新古典完全理性（强理性）和演化经济学及奥地利学派主张的弱理性之间的理性，即一种中等程度理性。正如赫伯特·西蒙（Herbert Simon）所描述的那样，有限理性即"人们意图理性的行事，但只能在有限程度上做到"[①]，人们的理性不足以将所有的未来可能发生的事件都计算出来。机会主义是指用欺诈手段来算计的行为，简单地说就是"损人利己"[②]。资产专用性指一项专用性投资一旦做出，不能转为他用，除非付出生产性价值的损失。交易费用经济学中关于交易属性的基本假设主要有四点：一是缔约人是有限理性的，且具有投机倾向；二是契约是不完全的；三是存在再谈判，交易的本质是一种"私人秩序"并需要依靠"司法中心主义"；四是存在资产专用性投资。交易成本理论基本思路是：将交易视为最基本的分析单位，交易可以理解为不同属性不完全契约，其交易费用也不同，通过资产专用性、交易频率以及不确定性来描述交易以及度量交易费用，主张通过市场、科层（或企业）、混合形式（抵押、互惠、特许经营等）和官僚等多种治理结构来解决不完全契约下的"敲竹杠"问题。按照契约的属性可以将契约分为古典契约、关系型契约以及处于两者之间的新古典契约和另一种关系型契约，以及官僚组织。其中古典契约是指不存在专用性投资的契约，无论其交易频率与不确定性如何，都适合通过市场来解决；关系型契约指资产专用性程度较高、

---

① Herbert Simon. Administration Behavior [M]. New York: Macmillan, 1961: 89.
② Williamson, O. The Economic Institute of Capitalism [M]. New York: Free Press, 1985: 79.

交易频率较高以及不确定性较高的契约，适合依靠科层（或企业）来解决；而处于两者之间的新古典契约和另一种关系型契约，则分别对应混合形式来完成。

交易费用经济学中没有专门针对企业控制权做出具体论述，却从另一个角度描述了企业控制权的范围。在分析企业组织的扩张问题时，威廉姆森（1967）指出，企业作为一种经济组织之所以不能无限扩张，主要是由于科层增加所导致的控制性损失（control loss），同时他也认为企业一体化可以降低交易费用、减少机会主义行为，但一体化也存在成本，主要来自官僚主义的成本①，也就是控制权成本。这正与科斯所主张的企业在一定范围内节省了交易费用从而替代市场的观点相一致。企业内科层增加会导致企业内权威运行的交易费用增加，当其大于或等于同期市场的交易费用时，企业控制权则失去其存在的意义。也就是企业控制权的范围决定交易费用的大小。企业存在的约束条件就是其交易费用必须小于等于市场交易费用。另外，交易费用经济学强调事后激励，也就是说在科层（或企业）内，控制权在解决"敲竹杠"问题中起到关键作用，但遗憾的是威廉姆森并没有对此做进一步的研究。

（2）产权理论与企业控制权

从上面的分析我们可以发现，委托—代理理论和交易费用理论只是从侧面涉及企业控制权问题。实际上，长期以来也没有具体的理论或学者对企业控制权的问题真正重视，直到20世纪中后期，格罗斯曼（Grossman）、哈特（Hart）和莫尔

---

① Williamson. Hierarchical Control and Optimum Firm Size [J]. Journal of Political Economy, 1967 (74): 123.

(Moore)等人的研究使这种状况发生了改变。哈特等人发现交易费用经济学只重视通过治理结构解决契约问题,却忽视了对企业内部控制权问题的探究,他们指出"对权力是重要的观点或者制度安排是对经济主体之间权力配置涉及的观点却未能给予足够的关注"[1],之后格罗斯曼、哈特及莫尔以交易费用经济学早期观点为基础,对企业内的控制权进行了研究。[2]哈特和莫尔(1990)[3]、哈特(2001)[4]、格罗斯曼和哈特(1990)[5]以及哈特和莫尔(1998)[6],三位学者联袂或者分别进行的研究开创性地把控制权问题引入企业理论分析框架,他们的工作成果通常被简称为GHM理论或GHM模型。同时,西格尔(Segal)、阿吉翁(Aghion)和博尔顿(Bolton)等人也对企业控制权问题进行了研究,丰富了不完全契约理论,同时推动了企业控制权理论的发展。

第一,GHM理论中的企业控制权问题。GHM理论继承了交易费用经济学有限理性、交易费用、契约的不完全性、专用性投资以及忽略第三方(法院)的作用等基本假设,但GHM理论更加关注不完全性对交易的影响。当契约并没有对未来的

---

[1] 哈特:《企业、合同与财务结构》,上海三联书店1998年版,第5页。
[2] 郝晓彤、唐元虎:《企业控制权收益的激励效应分析》,《山西财经大学学报》2004年第1期。
[3] Hart, O. and J. Moore. Property Rights and the Nature of the Firm [J]. Journal of Political Economy, 1990 (98): 11.
[4] Hart, O. Financial Contracting [J]. Journal of Economic Literature, 2001 (139): 1079.
[5] Grossman S. and Hart O. The Costs and Benefits of Ownership [J]. Journal of Political Economy, 1986 (94): 691.
[6] Hart, O. and J. Moore. Default and Renegotiation: A Dynamic Model of Debt [J]. Quarterly Journal of Economics, 1998 (113): 41.

所有或然事件及其相关责任权力做出明确的规定时,"这些未被契约明确规定的情况出现时谁有权作出决定","可以按任何不与先前的契约、惯例或法律相违背的方式决定资产所有用法的权力"①,以及"这种权力应该配置给谁"的问题。GHM理论将这种权利描述为明晰控制权的补充部分,称为"剩余控制权"(residual right of control),认为剩余控制权可以通过对资产的所有权体现出来,这种控制权主要表现为非人力资产所有者有权决定如何使用资产,由于剩余索取权存在不稳定性的期望,私有所有权就是剩余控制权。②GHM理论的控制权观点概括为:在不完全契约条件下,使任何契约主体之间的关系均是动态变化的,一旦发生契约规定之外的事件,掌握剩余控制权(非人力资产所有权)的一方就会做出关键性的决策,并实际决定处理意外事件的方案。正如杨其静(2002)所指出的那样,"由于有了独特的契约与权力观,再加上当事人风险偏好中性与信息对称假设,以及当事人不能承诺事后不要求谈判的这三个假设,GHM就挣脱了完全契约理论的分析框架,转而研究物质资产所有权或剩余控制权的最佳安排"问题。③

GHM范式将企业控制权理论推到了新的高度,之后的许多研究要么围绕GHM继续探讨控制权配置问题,要么对其进行批评,不完全契约理论进入了蓬勃发展时期,发展出了许多新的观点和理论。

---

① Hart, O. Financial Contracting [J]. Journal of Economic Literature, 2001 (139): 1079.
② 董秀良、高飞:《上市公司控制权结构:问题与对策》,《当代经济研究》2002年第3期。
③ 杨其静:《合同与企业理论前沿综述》,《经济研究》2002年第1期。

第二，对 GHM 理论的发展及批评。GHM 理论一出现便开始长期主导控制权理论研究。GHM 理论围绕企业事前投资问题引出了企业控制权问题，并探讨企业控制权配置，也就是控制权的归属问题，在之后的研究中，更多的学者对 GHM 理论进行了发展，同时也有许多研究对 GHM 理论进行了批评和质疑。

阿吉翁和博尔顿（1992）放弃了 GHM 理论对于当事人不受财富约束的假设，把控制权配置作为决定企业价值的一个决策变量来分析，对控制权相机转移问题进行了研究，构建了最佳企业融资结构理论。在不完全契约前提下，受财富约束的 VE（企业家）与有无限财富的 VC（资本所有者）之间的控制权配置有如下的规律：如果一方的个人利益与总利益不是单调增长的，那么就应该将控制权转移给对方；如果双方的利益都不与总利益单调增长，那么相机控制是最优的。控制权配置不仅对 VE 和 VC 的个人收益产生影响，而且还会影响企业的价值。控制权动态转移机制，将控制权视为以"0，1"方式进行离散分配的，即投资者或者经营者一方拥有全部控制权，而一旦业绩信号发生变化，则控制权会全部转移给另外的一方。[①] 阿吉翁和博尔顿提出的控制权配置的完全快速转移观点在现实的企业中很少会出现。他们的研究仅停留在探究控制权配置对企业价值的影响上，并没有对控制权的来源

---

① Aghion, P., and P. Bolton. An Incomplete Contract Approach to Financial Contracting [J]. Review of Economic Studies, 1992（59）：473.

及其决定因素进行深入的分析。随后，哈特（1995）[①]，哈特和莫尔（1998）[②]，哈特（2001）[③] 等进一步研究，认为 VE 与 VC 之间以及不同投资者之间的关系是非静态的，其关系会随着时间的变化将会出现某些或然事件，而这些或然事件是无法轻易被预测，并写入契约中的，这时控制权就发挥了决定性作用。

德赛恩（Dessein, 2005）提出了企业控制权的连续变量分配模型，他在强调控制权可以相互分享的同时，却又将控制权视为静态配置。[④] 基里连科（Kirilenk, 2001）对创业投资家与创业企业家最优控制权分配以及影响创业企业中控制权配置的因素进行了分析。在一般情况下，创业企业的控制权不会简单地由某一方独自享有，是双方进行博弈的结果。[⑤] 瓦乌赫科宁（Vauhkonen, 2003）则将控制权配置的两个因素结合起来，提出了连续且相机转移的控制权配置模型：如果绩效信号显示为坏，投资者获得全部控制权；如果信号质量为"中"，则缔约双方共享控制权（联合控制）；如果信号显示为"好"，则企业家保留全部控制权。[⑥] 施密特（Schmidt, 2006）进一步提出

[①] Hart, O. Firm, Contract and Financial Structure [J]. Oxford University Press, 1995: 68.

[②] Hart, O. and J. Moore. Default and Renegotiation: A Dynamic Model of Debt [J]. Quarterly Journal of Economics, 1998 (113): 1.

[③] Hart, O. Financial Contracting [J]. Journal of Economic Literature, 2001 (l39): 1079.

[④] Dessein W. Information and Control in Alliances & Ventures [J]. Journal of Finance, 2005 (60): 2513.

[⑤] Andrei A. and Kirilenko. Valuation and Control in Venture Finance [J]. Journal of Finance, 2001 (58): 565.

[⑥] Vauhkonen. Financial. Contracts and Contingent Control Rights [OL]. 2003, http://www.ssrn.com.

状态依存控制权配置，指出尽管现实中人们无法直接根据自然状态来确定控制权配置，但可以通过将控制权和现金流权联结起来，以实现自然状态的隐性契约化。[①] 关于 GHM 的批评有很多，与企业控制权相关的批评主要有：控制权与剩余控制权的混淆问题、如何技术地处理"外部选择权"问题[②]、针对控制权的来源问题。

其一，剩余控制权与控制权的混淆问题。GHM 模型中，对于剩余控制权的定义一直存在争议。剩余控制权有时表示一部分，而有时却又表示全部。哈特自己也在论文中指出了这个问题，"我们并不区分契约规定的控制权与剩余控制权，而在事实上剩余控制权等于完全控制权"。也有学者认为因企业控制权的内涵和运行规律难以把握，所以企业控制权还并不是一个科学的概念。

其二，对于"外部选择权"问题。"外部选择权"是指当事人退出合作时可以得到的机会收益。邱（Chiu，1998）、梅扎（De Meza）和洛克伍德（Lockwood，1998）同时得出与 GHM 理论相反的结论。他们采取非合作博弈的方法，采取鲁宾斯坦轮流出价谈判，当存在外部选择权而且外部选择权起约束作用时，管理者拥有较少的资产反而却有更强的专用性投资激励。

其三，针对控制权的来源、配置与可实施问题。罗杰和津

[①] Georg Gebhardt and K. M. Schmidt, Conditional Allocation of Control Rights in Venture Capital Finance [EB/OL]. (2006): http://www.ssrn.com.

[②] 杨瑞龙、杨其静：《企业理论：现代观点》，中国人民大学出版社 2009 年版，第 125 页。

格莱斯（Rajan, Zingles, 1998）认为，权力不仅是物质资产，对于接近和使用资产、思想和人等关键资源的能力和权力，也是权力的一种来源。同时，如果没有某种外来权威来执行，所有权将没有意义，并且没有任何企业适应GHM理论框架。[①] 另外，梯若尔（Tirole）等人放弃了抽象意义上的"剩余控制权"概念，认为实际控制权的配置应该与信息和知识的分布相对称，也就是控制权应该配置给掌握信息和知识的人，这样可以降低控制权配置成本。有学者也指出，GHM模型对于解决权力的来源配置与实施问题是脱离实际的。

四　国内企业控制权研究

（一）国内企业控制权研究现状

我国学术界对于企业控制权的关注，始于对国有企业改革问题的研究，但是企业控制权研究始终沿袭国外理论的路径，以国内研究现状为基础的研究则很少。自20世纪80年代中后期以来，我国学者逐渐开始关注企业控制权问题。随着企业理论研究的深入，越来越多的学者对企业控制权问题给予了关注，如张维迎、周其仁、年志远、杨瑞龙和杨其静等都对控制权问题提出了自己的观点和看法。钱颖一最早将企业的所有权与控制权分离问题引入国内，并指出企业控制权的所有者，能

---

① Rajan R. and Luigi Zingales. Power in a Theory of the Firm [J]. Quarterly Journal of Economics, 1998 (113): 387.

够对企业的行为施加意志并获得利益。① 之后，张维迎（1995）指出，控制权是当一个信号被显示时决定选择什么行动的权威。周其仁（1997）指出，企业控制权可理解为排他性利用企业资产，特别是利用企业资产从事投资和市场运营的决策。杨瑞龙（2000）认为，控制权的存在意味着一方行为对另一方损益的影响，控制权包括监督权、投票权等。② 国内学者对于企业控制权的研究相当多，形成的相关著作已有数十部，论文则数量更多，围绕家族企业控制权、控制权配置、控制权结构都进行分析，大部分研究是围绕公司控制权并结合具体制度进行的理论挖掘。实证研究则多围绕国有企业控制权问题、家族企业控制权问题进行研究。

（二）简要评析

在研究内容上，缺少适合我国国情的企业控制权理论。在研究方法上，国内学者更倾向于使用制度主义研究方法对企业控制权进行研究，尝试寻找企业控制权结构方面的证据。在研究基础上，国内研究多以企业所有权作为理论起点，研究企业所有权、控制权、剩余控制权以及剩余索取权；也有部分研究将企业控制权纳入公司治理结构的视角进行研究，将企业控制权的配置问题与企业效率的决定因素进行探讨。虽然研究的理论基础与出发点不同，但多数研究集中在控制权的配置和运行

---

① 金祥荣、余立智：《控制权市场缺失与民营家族制企业成长中的产权障碍》，《中国农村经济》2002年第8期。

② 杨瑞龙、周业安：《企业共同治理的经济学分析》，经济科学出版社2001年版，第87页。

以及监督方面。国内研究的主要问题是围绕企业控制权的概含义混乱,"控制权""剩余控制权""投票权""现金流权"等诸多概念。这些语义相近,用法有时加以区分使用,而有时又不加区分,替代使用的概念使得控制权概念变得语义模糊、边界不清,对于控制权究竟是什么没有一个清晰的理论轮廓,研究仍然不系统。

五 企业控制权研究的困境及其原因

在契约理论的推动下,对企业控制权的理解已经有了较大的进步。但对企业控制权的研究远没有形成一个成熟的理论体系,或者说用"理论"来形容目前的研究现状有些不切实际。不过,控制权问题的确是当今企业理论中最难以解答,也是最关键的问题。可以说,企业理论要得到进一步的突破,关于控制权的相关问题就必须得到很好的解答。

(一) 企业控制权研究的困境

困境一:针对控制权本身的研究较少。综观契约理论中的企业控制权问题研究,完全契约框架下几乎没有企业控制权的容身之地,交易费用经济学中也没有直接的关注,仅有产权理论中 GHM 模型以剩余控制权问题为核心进行研究,但其主要想解决的问题是不完全契约条件下的有效投资问题,其研究是一次性静态博弈分析框架下的正式契约研究。GHM 理论也没有描绘出清晰的企业控制权的理论轮廓。

困境二:企业控制权理解的混乱,没有得出清晰的企业控制权的理论构架。目前企业控制权理论处于"用而不究"的境地，很多研究只将企业控制权或剩余控制权在需要的时候拿来使用，并不深入研究其内涵，不考察其赖以成立的理论基础。这种情况更加剧了企业控制权理论复杂和混乱的局面。

困境三：物质资产所有权主导的企业控制权理论。契约理论对企业控制权的论述始终都是建立在资本强权观或资本至上观之上的，尤其是标准的 GHM 模型更是强调物质资产产权的重要性，并将所有权作为其理论基石。这种权利观中，人力资产与其他各种资产不能作为企业的投资者而只能处于从属地位，这是不符合现实的。

（二）企业控制权研究困境的原因

原因之一：是企业本身的形式多样已经表明控制权的存在形式是存在巨大差异的，而且在不同市场、不同技术条件以及不同制度背景下，控制权难以被统一的概念所描述，也难以通过建模来确定，因此，很难基于相同的出发点形成具有权威性的理论。

原因之二：是企业控制权没有稳固的理论假设。无论是完全契约理论，还是不完全契约理论，其假设一直是理论界所质疑的对象，要么认为其假设存在矛盾，要么认为其假设过于严格，远离"真实世界"。Tirole（1999）认为，GHM 理论的"理性"假设自相矛盾。[1] 也有人认为 GHM 理论对控制权来源的解释是偏颇的，同时也对其理论解释范围提出了质疑，认为

---

[1] Jean Tirole. Incomplete Contracts: Where Do We Stand? [J]. Econometrica, 1999 (67): 741.

其仅适用于古典企业，并不适用于解释科层、授权和组织问题。

原因之三：是控制权问题本身的复杂性。科斯提出的"权威"本身就是一个内涵和外延不清楚的概念，使许多企业内部的因素难以被准确"概念化"，这些问题并不适合使用研究价格和市场等问题的方法，进而在假设中将这些"麻烦"抽象掉。对于这些因素模糊的描述以及不同的理解，也就在因果分析之后得出不切实际的结论。

原因之四：是企业控制权内涵的非正式契约性。企业控制权既包括正式契约所规定的权力与责任，也包括剩余权利。这部分权利更多的是一种无法被书写到企业契约中的权威关系，包含的变量过多，很难通过建立模型的方法对其进行命题式研究。

下面将上述分析概述一下。以亚当·斯密为代表的早期经济学家所贡献的研究成果中，虽然只是大量的描绘了企业内部与权力问题有关的现象，但对于我们了解和研究当时历史条件下企业问题还是有一定帮助的。新古典经济学使用"奥卡姆剃刀"对经济学研究的假设进行了调整，企业变成外生给定的、追求利润最大化与成本最小化的生产函数，一个能够自动地根据边际原则来决定要素投入和产品产出的"黑箱"，企业控制权问题被装入"黑箱"，在这种逻辑之下无法研究其性质。科斯的研究打破"黑箱"的宁静，权威问题成为理解企业性质的关键，但科斯却对于权威的具体性质、结构等一些问题语焉不详。契约理论，尤其是不完全契约理论主要目的是解决"敲竹杠"所带来的投资无效问题，并指出有效的投资应该怎样，同时指出企业所有权、剩余控制权以及剩余索取权等应如何配置。前人对企业控制权的研究固然是具有启发性的，但正如本章开头所言，在经济学世界里，企业控制权只是解释的工具，而并不是解释的对象，企业控制权依然是一个"用而不究"的概念。

杨瑞龙曾指出："我们认为经济学作为一门以经济理性选择为核心的科学，其特殊魅力也许并非在于证明现实社会应该怎样——虽然这也很重要——而在于解释现实社会经济现象为什么是这样……"[①] 企业控制权理论已有研究，大多数是在探讨控制权作为一种研究的工具，应该怎样才能符合研究的目的，并根据研究目的而不断地改变内涵。

本书认为，企业控制权理论的构建，必须重新考察控制权的理论假设、前提等一些基础问题，并结合真实世界中的企业把握企业控制权内涵；同时，应该更关注其本身性质的研究，通过使用描述性的研究方法，搜集结构证据，进行制度分析；通过对企业控制权的重新理解来重新理解企业，进而完善现有企业理论甚至契约理论。

[①] 杨瑞龙、杨其静：《专用性、专有性与企业制度》，《经济研究》2001年第3期。

第四章 企业控制权概念研究

给企业控制权赋予准确的定义是极其困难的,这种困难来源于企业控制权承载着极其丰富的制度规范内容、利益相关关系的安排和调整,以及它在不同的制度背景条件下表现出的多样性和运动的复杂性。这些问题使人们在认识和考察企业控制权时必须从不同的历史前提出发,从不同的经济生活方面、以不同的研究目的和方法,去概括和解释企业控制权。而每一种解释由于现实生活的复杂性,又似乎总能找到一系列现实和历史的支持,进而使企业控制权范畴缺乏统一的说明。国内外学者们耗费数十年的精力研究这一命题,得到迥然有别的结论,构建了不同的理论体系,也使企业控制权的概念更加模糊,难以界定和度量。

无论从怎样的出发点去审视、定义并解释企业控制权均是必要的,尽管从严格的意义上说,这种定义和解释或许应当在对企业控制权运动全部方面和过程进行深入研究之后才可能实现。在展开企业控制权问题讨论之前,对关于企业控制权的概念进行阐释并对各类不同的定义加以比较,是极其必要的。

一 企业控制权概念

企业控制权为什么会产生？它是如何产生的？我们从历史逻辑中寻找理论支点，为接下来的研究做一个理论支撑。

（一）早期生产组织与控制权

在原始社会阶段就已经出现权力关系雏形，当时人们食物的获取以及资源的处置，对原始部落的统一行动如迁移、战争及其他行动，内部冲突的调停以及仇杀，都需要有公认的权威来做出决定和采取协调行动。

人类与动物的主要区别是人类能劳动，能够制造工具并且合作。人类早期的生产活动就存在合作行为，从而形成了区别于其他动物的生产组织，也就是一个部落或者群落。但这种早期的社会生产形式存在的主要目的是生存，从某种意义上说也是为了节省成本。人类要抵御大自然带来的不确定性和风险，存在人与人的关系也是以保障生存为目的。例如，早期人类是靠狩猎和采食植物果实和枝叶生存的，虽然这只是一种早期简单的生产合作，但对于单个的个体来说，不一定每天都会有猎物出现或寻找到足够的可食用的植物，而且遇到大型或凶猛猎物时，一个人根本无法捕获。在这种情况下，如果单个个体独自生产很可能经常"饿肚子"，而进行团队生产的好处则不言而喻，这就催生了权力的产生。原始社会的权力雏形与现代社会还是有很大差别的，人们通过未经事先商定的某种契约形式来形成一种结合形式，每个人都让出一部分权利，由某人或某

· 55 ·

机构来管理这些权利，这部分人从而拥有了权力。每个人要让渡自己的这部分权利的目的就是脱离没有规则与制度的世界。如果没有法律风俗的约束制度以及头领的管理，那么在最原始的情况下，那些强壮和勇猛的个体可以生存的长久一些，但也不能保证一直不被同类打败。弱肉强食的生存规则之下，生活在这种社会中的人类是缺乏安全感的，更糟的结果可能是任何个体都得不到好处。于是，为了使每个个体都能相对和平相处，实现整体利益最大化，人们订立规则，推举管理者，作为权威来管理他们，将自己的一部分权利让渡给法律或者准法律（风俗、习惯、某些规则）。

人类历史上的多数权力在最初都是统一不分的，在生产规模扩大、分工出现和细化以及交换行为的推动下，各种不同的权力逐步分离开来。在原始部落里部落首领或族长的权力，是纯粹的政治权力与经济权力的集合体，他完全可以控制一切、指挥一切。在生产活动中，首领决定生产组织内部的计划，即协调生产中发生的问题，决定如何分配劳动成果，保证部落内部每一个人都能够生存。面对不确定的外部世界和自身的有限理性，做出各种与生产和生存有关的决定。虽然并没有出现现代意义上的企业，但在早期生产组织内部的这种权力可以视为企业控制权的历史逻辑起点。

这种生产组织按照客观逻辑发展着。在原始社会的末期，人们合作生产的方式和技术得到进一步的改进，其结果是劳动剩余的出现，这也是交换行为出现的主要因素。生产与交换互相影响，互相促进。在交换行为的推动下，生产种类不断增多，生产范围不断扩大，劳动分工逐步深化。正如恩格斯所说的那样，人们所奋斗的一切都和利益有关。出现这种现象的诱导因素很简单，劳动剩余在交换过程中可以产生利益，原始的控制权也会主导剩余利益的分配。正是人们对利益的追逐提高了生产力，促进了交换，改变了原有的生产组织，而控制权也在新的生产组织中表现出新的形式。

（二）古典企业与企业控制权

交易成本是制度选择的主要依据，科斯认为企业的出现是因为它可以节省交易费用，也就是说可以更多地盈利。早期生产组织在分工和利益的推动下，促进了技术进步，组织形式也进化到工场手工业，从单个私有生产者、部落作坊，转变为早期的企业。古典企业的主要特点之一是所有权与控制权依然是一个整体，在罗马法的制度框架之下的个人、家庭是企业的主体，承担民事责任的是自然人。另外，产权形态是集权结构，不管是业主制还是合伙制都对债务承担无限责任。[①]

在亚当·斯密的眼中，这些早期的"企业主"实际上是一些手工工匠、缝纫师、面包师等。这些工厂是如何节省交易费用的呢？斯密著名的制针工厂的例子可以给出答案。制针的第一种方法是一个人进行全过程生产，他首先抽铁线，拉直，切截，然后削尖一端，再磨另一端，最后装上圈头，还要涂色和包装。第二种方法是分工，成立一个工厂，每一道工序都由一个人完成，而不是全部由一个人完成。如果10个工人每日可成针48000枚，即平均每人每日可制造4800枚针，如果他们各自独立工作，不专习

---

① 刘伟、李风圣：《产权通论》，北京出版社1998年版，第166页。

一种特殊业务,那么他们无论是谁,绝对不可能在一天内制造20枚针,说不定一枚都制造不出来。斯密认为效率提高的原因有三个:一是劳动者的技巧因专业而日进;二是从一种工作转到另一种工作通常会损失不少时间,有了分工就可以避免这种时间的损失;三是简化劳动和缩减劳动的机械发明,使一个人能够做许多人的工作。[①] 这个时候企业主可以从生产活动中脱离出来进行协调、监督与管理工作。

虽然在古典企业中并不存在委托代理性质的监督问题,但企业主的利益与劳动者的利益依然存在冲突,要监督劳动者的生产情况,以防止偷懒和误工等行为的出现。同时,对生产进行计划、工资制定和一些生产中细节的协调问题,也是这个阶段需要企业主利用手中的所有权与控制权合为一体的"权力"去解决的主要问题。古典企业内部权力结构分工单一,产权权能合一,这种形式不利于积聚资本,同时企业主的人力资产能力也限制了企业经营与发展,这就需要古典企业这种生产组织再次进行变革。1840年以后企业组织发生重要意义的变革,即所有权与控制权发生分离。这种分离让控制权的面目一下清晰起来,面对不完全的契约,由谁来进行控制即组织租金分配成为主要的问题。在当时历史条件下,物质资产是企业的绝对主导,在谈判中有无与伦比的优势地位,自然可以获得控制权。

(三) 现代企业与企业控制权

所有权与控制权的分离意味着所有者只根据契约获取利

---

① 亚当·斯密:《国民财富的性质和原因的研究》,商务印书馆1972年版,第5页。

润，而新出现的经理阶层开始从事管理和经营工作。分工和技术变得愈加复杂，投入企业的各种要素越来越多，对于人力资产有限的传统企业主来说，对企业管理变得越来越困难。当分工涉及企业管理领域时，控制权脱离的所有权，成为相对独立的权力。这让控制权更加地暴露于人们的视野之中。弗兰克·H. 奈特指出，对付不确定性和风险的有效手段之一是专业化。[①] 弗兰克·H. 奈特的观点的高明之处在于：企业家拥有控制权的关键是为了减少不确定性和降低风险。这种不确定性和风险的降低可以从两个方面理解，首先，企业家所具备的专业知识可以更好地组织协调生产，如"泰罗制"的出现可以更好地安排生产的步骤与流程，更好地节省时间提高效率，降低了传统生产方式和低效管理所带来的不确定性；其次，股权分散使利益主体增多，企业控制权可以更好地协调企业内不同利益群体的利益冲突。现代企业的发展是控制权逐步从以往物质资产单一来源，转向多种关键要素参与的状态，尤其是人力资产专有性的逐步提高，更是改变了企业控制权的发展方向。

总的来说，企业控制权的历史逻辑就是在企业生产组织的发展和各种历史因素的推动下演进的过程。在对历史逻辑回顾时候，我们对企业控制权概念内涵的演变进行介绍。

二 企业控制权概念内涵的演进

（一）国外学者对企业控制权概念的阐释及评析

西方经济学家们对企业控制权的问题，基于不同立场和出

[①] 弗兰克·H. 奈特：《风险、不确定性与利润》，商务印书馆2006年版，第243页。

发点，构建出不同的理论体系，得到的结论与观点也甚为不同，使企业控制权逐渐受到重视的同时，也让这一概念变得更加模糊，且难以界定和度量。本部分通过对控制权内涵的演变过程的分析，来梳理国外学者研究的主要脉络。

（1）企业控制权内涵的演进

国外对企业控制权内涵研究的历程，是随着企业形式的演变、企业理论的发展而不断演进的，对于企业控制权的理解也发生了巨大的变化。所以在企业控制权内涵的演进过程中，最初并没有区分企业所有权与企业控制权，或者说二者并没有明确区分。可以说，企业所有权的内涵在很大程度上决定着企业控制权的内涵，并且是企业控制权逐渐与企业所有权相脱离，独立成为企业产权中重要组成部分。企业控制权内涵演进经历了以下几个阶段。

第一阶段：企业所有权与企业控制权无明确区分与界定的阶段。在企业理论述及企业性质、交易成本、契约问题和制度安排之前，企业控制权作为企业所有权概念的一部分已被预先给定了，并且在研究过程中更多地对此概念的内涵和外延加以回避。早期文献只是在对企业内某些现象的描述中，涉及一些与企业控制权相关的现象。这个阶段企业问题研究，主要由于企业处于发展的阶段制约，同时受到市场和技术、社会、历史条件的局限，所有权与控制权相分离已经出现，但对提高经济效率的作用及负面效应很小，并没有引起经济学家们的足够重视。

第二阶段：脱离企业所有权成为独立内涵的企业控制权。伯利和米恩斯1932年发表的《现代公司与私有财产》一书中，从经济学的角度，首次系统地对控制权问题进行了深入的探讨。伯利和米恩斯指出，随着现代股份公司股权分散、企业所有权和控制权相分离的现状的出现，使经营者获得企业控制权，出现了所谓的"经理革命"。他们认为企业控制权是指，通过行使法定权力或施加影响，对大多数董事有实际的选择权，并提出所有权与控制权之间存在利益分歧。[①] 之后，简森和麦克林使用代理成本说明二者的分歧是不可能消除的。

实际上，引起学术界对企业控制权关注的主要原因是股份制企业的出现，当古典企业的所有者面临退出市场和扩大规模的两难选择时，控制权问题便凸显出来。原有企业所有者选择扩大企业规模的同时，也就失去对企业的控制权，但能换来获得长期的利润分成。这种分离现实亟待理论解释控制权的内涵。

这阶段企业控制权的内涵已经脱离所有权，但其内涵还仍不是十分明确。法玛和简森的著作《所有权和控制权的分离》阐述是："由一个代理人团队承担最大的不确定性，剩余要求者便有存在的价值，因为他减少了监督者与其他代理人团体缔结契约的成本，并减少了其他代理人因承担变动风险而调整契约的成本。"[②] 法玛和简森的观点在分析控制权能够降低交易成本的同时，把"剩余"定义引入控制权问题中，同时在这部著作中他们首次把剩余索取权定义为企业所有权。[③] 剩余概念的

[①] Berle and Means. The Modern Corporation and Private Property [M]. Piscataway: Transaction Publishers, 1991: 196.

[②] 法玛、简森：《所有权和控制权的分离》，载陈郁主编《所有权、控制权与激励》，上海三联书店、上海人民出版社1998年版，第168页。

[③] 黄乾：《企业所有权安排的理论探讨》，《河北学刊》2002年第2期。

引入使企业控制权内涵的研究方向发生转变。

第三阶段：企业控制权内涵为剩余控制权。20世纪80年代后期，契约理论的出现对企业控制权的内涵产生了重要影响，契约理论是近年来迅速发展的经济学分支之一，契约理论试图将契约作为基本的分析单位，从而揭示理性的经济主体之间的关系。尤其是格罗斯曼、哈特及莫尔的研究形成的不完全契约理论。[①] 不完全契约理论的观点认为，产权安排的重要性源自契约的不完全性。这几位学者从不完全契约的视角对企业控制权配置问题进行了研究，指出控制权可以通过对资产的所有权体现出来，这种控制权主要表现为资产所有者有权力决定如何使用资产，而企业所有权的核心是剩余权，包括剩余索取权和剩余控制权，由于剩余索取权存在不稳定性的期望，私有所有权就是剩余控制权。[②] 契约之所以不完备，是因为人们不可能事前预料到未来可能发生的情况，或者即使能够预料并且写入契约，也可能由于不可预料事件而无法执行。未来的不可预见性，使任何契约主体之间的关系均是动态变化的，一旦发生契约规定之外的事件，掌握企业控制权的一方就会做出关键性的决策，并实际决定处理意外事件的方案。将企业控制权分为特定控制权和剩余控制权，特定控制权指能在事前通过契约加以明确规定的控制权。剩余控制权就是事先没在契约中明确规定的权力，被看作企业真正的控制权。哈特将剩余控制权定

---

① 这里笔者并没有引入以阿尔钦和德姆塞茨为代表的完全契约理论，及不完全契约理论中威廉姆森为代表的交易费用理论（TCE）对企业控制权内涵的理解。主要原因是这些理论并没有决定企业控制权的内涵及理论的发展方向。

② 董秀良、高飞：《上市公司控制权结构：问题与对策》，《当代经济研究》2002年第3期。

义为："可以按任何不与先前的契约、惯例或法律相违背的方式决定资产所有用法的权力。"① 实际上，他们所说企业控制权的概念等同于剩余控制权。

另外，其他一些学者也对企业控制权做出了不同的解释，库宾（John Cubbin）和利奇（Dennis Leech）指出，有效的企业控制权是指股东会这一层面。为了达到对公司的有效控制，控股股东所需拥有的最小持股比例。② 罗斯（L. Loss）认为，控制权是对公司经营和决策有主导的权力。③

（2）简要评析

国外相关研究证明，企业控制权现象既是企业发展中存在的普遍问题，又在不同的类型企业、不同时期以及不同制度背景下有着不同的表现甚至定义。国外学者对企业控制权的研究无疑为这个领域的深入研究打下了良好的理论基础，但同时其研究方法和研究内容也存在某些不足。

企业控制权研究假设前提方面，国外学者对人的行为假定涉及两方面的内容，一个是关于充分理性的假定，另一个是关于有限理性的假定。在充分理性假设前提下的研究对象主要是契约与组织问题。这种假设前提下的研究认为契约是完备的，强调的是事前的组织与制度的构建问题；另一个是有限理性假定的研究，强调不完备契约，是一个事后的治理

---

① Hart, O. Firm, *Contracts and Financial Structure*（Oxford University Press 中译本），上海三联书店 1998 年版，第 97 页。

② John C. and Dennis L. The Effect of Shareholding Dispersion on the Degree of Control in British Companies: Theory and Measurement [J]. The Economic Journal, 1983 (193): 351.

③ Louis Loss. Fundamentals of Securities Regulation [M]. Boston: Little Brown, 1998: 393.

机制，与此相关的有哈特的不完全契约理论。两种假设前提导致企业控制权研究朝着不同的方向行进。目前某些研究中企业控制权概念与内涵混乱不清，是由于对前提缺少考察而造成的。

在研究方法方面，主要以契约、产权、交易费用为基础和工具，采用静态实证分析方法为主。企业的性质与存在形式是多样的，这种静态的分析方法显然是有些片面的。企业经历了古典资本主义企业与现代公司两个重要阶段。不同时期、不同阶段、不同制度背景下企业的特性以及面临的市场环境有着巨大的差别。因此，遵循一种逻辑对不同企业的控制权安排进行解释显然是片面的。但多数国外已有研究忽视这种动态性特征，希望用统一的思维解释不同企业的问题，试图将动态的过程静态化、模型化及数学化，在一定程度上造成了逻辑上的混乱和结果的矛盾。

尽管国外与企业控制权相关的研究文献非常多，但企业控制权概念的内涵却始终处于一种游移和模糊的状态。每出现一种新的企业治理观点、新的企业性质的理解、新的企业所有权的定义等，控制权概念就被重新阐释和寓意新的含义。

（二）国内学者对企业控制权内涵的阐释及评析

迄今为止，由于控制权界定和度量的困难，促使国内学者从不同的角度对控制权进行定义。

（1）国内学者对企业控制权内涵的阐释

国内对企业控制权概念的论述，主要沿袭国外学者对于企业控制权研究的路径，归纳起来有以下三个方面的观点。

第一,"决策论"。这类观点认为,企业控制权的本质是一种决策权,权利拥有者通过行使控制权支配企业资源,从而实现自身的目的、获得收益。钱颖一指出,谁掌握了企业的控制权,企业的行为就体现谁的意志和利益。[①] 张维迎(1995)认为,控制权是当一个信号被显示时决定选择什么行动的权威。杨瑞龙、周业安(2000)认为,控制权的存在意味着一方行为对另一方损益的影响,控制权通常包括监督权、投票权等,它可以是明确指定的,也可以是暗含的,但它一定与企业决策有关。[②] 周其仁(1997)的观点则更加明确,指出企业控制权可理解为排他性利用企业资产,特别是利用企业资产从事投资和市场运营的决策权。[③]

另外,对于企业控制权所决策的内容也有不同的观点,周冰、郑志(2001)认为,企业的控制权从最广泛意义上讲是指企业的经营决策权,从严格意义讲是指在企业经营决策中支配性地位的权力。[④] 殷召良(2001)认为,公司控制权是指对公司的所有可供支配和利用的资源控制和管理的权利。[⑤] 董秀良等(2002)认为,公司实际控制权是指对公司的重大决策具有直接支配权或重大影响力,通过直接或间接的手段控制公司的

[①] 金祥荣、余立智:《控制权市场缺失与民营家族制企业成长中的产权障碍》,《中国农村经济》2002年第8期。

[②] 杨瑞龙、周业安:《企业共同治理的经济学分析》,经济科学出版社2001年版,第45页。

[③] 周其仁:《市场里的企业:一个人力资本与非人力资本的特别合约》,《经济研究》1996年第1期。

[④] 周冰、郑志:《公有制企业改革中控制权的分配:河南注油器厂产权制度改革案例研究》,《经济研究》2001年第1期。

[⑤] 殷召良:《公司控制权法律问题研究》,法律出版社2001年版,第75页。

重大决策，以实现自身利益。[①] 方健雯等人指出，企业的控制权一般是企业经营策略、日常管理以及财务上的决策权。[②]

此类观点从有限理性假定下的新制度经济学（也称原教旨的制度经济学）角度出发，对企业控制权进行定义。这类观点主要强调的是有限理性，不完备契约及交易费用的存在，是一个事后的治理机制。

第二，"投票论"。除决策论外，另一种观点认为企业控制权就是投票权，指无论是通过行使法定权利还是施加压力，实际上有权选择董事会成员或其多数成员的权力。在现实中，控制权被定义为对企业所拥有资源的决策支配权，包括监督权、投票权、经营管理权等。[③] 刘汉民（2003）认为，控制权的实质是董事会多数席位选择权。[④] 叶国灿（2004）也基本认同这种观点，他提出控制权是指企业所有者和各级经理人员对企业的实际控制程度，包括所有权和经营权。[⑤] 蒲自立、刘芍佳（2004）认为，企业控制权是能够在股东会、董事会和经营层这三个层面实施领导或能够执行的权力，企业的控制权应当属于企业的股东及其代理人。[⑥]

[①] 董秀良、高飞：《上市公司控制权结构：问题与对策》，《当代经济研究》2002年第3期。

[②] 方健雯、孙碧波：《国有企业控制权收益与最优重组契约》，《经济管理·新管理》2005年第8期。

[③] 姜硕、郭尧：《控制权与收益权分离及其对企业投资规模的影响》，《财会月刊》2007年第29期。

[④] 刘汉民：《合约、资本结构与控制权的配置》，《理论学刊》2003年第3期。

[⑤] 叶国灿：《论家族制企业控制权的转移与内部治理结构的演变》，《管理世界》2004年第4期。

[⑥] 蒲自立、刘芍佳：《论公司控制权及对公司绩效的影响分析》，《财经研究》2004年第10期。

投票论认为控制权并不是完全掌握在单一的控制者手中，而是分散在不同的具有投票权的股东或代理人手中，股东依靠手中的表决权投票选举产生代表股东利益、实现股东控制意愿的董事会，通过董事会完成股东对企业的最终控制，掌握了董事会投票权也就掌握了企业控制权，股东就会因手中的投票权而得以分享企业的剩余控制权收益。所谓的控制权就是能够通过投票这种手段，对企业经营过程中的日常运作和重大决策做出影响的一种权力。

第三，"剩余权利论"。剩余权利论源自格罗斯曼、哈特及莫尔的研究，将企业控制权分为特定控制权和剩余控制权，特定控制权与剩余控制权都是在一定契约基础上的产权。特定控制权指能在事前通过契约加以明确规定的控制权。剩余控制权即事先无法在契约中描述的权力，被看作是企业真正的控制权。

张维迎（1996）将所有权定义为"剩余索取权和剩余控制权"，认为企业控制权是"可以按任何不与先前的契约、惯例或法律相同的方式决定资产所有用法的权力"。[①] 张维迎所指的"决定资产所有用法的权利"，是在契约中没有明确规定的权利。张维迎实际上并没有严格的区别控制权和剩余控制权。

付雷鸣等（2009）认为，控制权是指在有信号显示时决定行动的权威，通俗地讲，就是当契约双方在某个问题上出现分歧时决定解决方案的权力。[②]

[①] 张维迎：《所有制、治理结构及委托—代理关系》，《经济研究》1996年第9期。
[②] 付雷鸣、万迪昉、张雅慧：《创业企业控制权配置与创业投资退出问题探讨》，《外国经济与管理》2009年第2期。

年志远（2003）在讨论企业所有权概念时指出，企业所有权涉及股东、经营者和生产者三个契约主体，而每个契约主体的各自职权又有所不同，所以，企业所有权定义为剩余索取权和归属性控制权之后，应明确规定其中的归属性权力。当其归属于股东时，是指明晰控制权；当其归属于经营者时，是指剩余控制权；当其归属于生产者时，是指参与控制权。明晰控制权是企业最终控制权或企业法定控制权；剩余控制权是企业实际控制权；参与控制权是参与企业经营管理决策和参与企业日常经营管理等权力。[1]

除以上三类观点之外，还有许多学者从不同的角度和立场对企业控制权进行了自己的定义。吴照云等人（2005）认为，企业控制权的本质，实际上是企业契约各方对企业权力和利益的争夺。[2] 齐超（2008）认为，"企业控制权"是由不同"权力"主体分别持有的，是企业决策、监督、管理、执行等方面的一系列权力。[3] 刘磊等人（2004）指出，企业的控制权是在企业中产生某种预期效果的能力。[4] 王华等人（2005）认为，控制权的界定应本着实质重于形式的原则，其中一个重要的判定标准就是控制权能够对企业的经营行为以及对企业相关者的利益产生实质性影响。[5]

---

[1] 年志远：《企业所有权概念辨析——兼与张维迎教授商榷》，《吉林大学社会科学学报》2003年第2期。
[2] 吴照云、黎军民：《公司治理的核心》，《当代财经》2005年第5期。
[3] 齐超：《对企业控制权几个理论问题的思考》，《吉林工商学院学报》2008年第5期。
[4] 刘磊、万迪昉：《企业中的核心控制权与一般控制权》，《中国工业经济》2004年第2期。
[5] 王华、黄之骏：《风险科技企业产权博弈与控制权优化》，《华东经济管理》2005年第6期。

（2）简要评析

国内研究鲜有针对企业控制权内涵前提假设的研究。在研究方法上，国内学者偏向于使用制度主义研究方法对企业控制权进行研究，试图寻找企业控制权的制度准则、奖励惩罚以及权力结构方面的证据。缺少对于企业控制权的实证分析，出现这种状况的原因可能是由于数据收集困难造成的。

在研究内容上，多数研究或将企业所有权作为理论起点，研究企业所有权与控制权（剩余控制权）以及剩余索取权的关系；或将企业控制权纳入公司治理结构的视角进行研究；或将企业控制权的配置问题与企业效率的决定因素进行探讨。虽然研究的出发点不同，但多数研究还是集中在控制权的配置和运行以及监督方面。

企业控制权的概念界定不清是国内研究的主要不足，在相关文献之中，"控制权""剩余控制权""投票权""现金流权"等概念，语义近似，时而加以区分，时而又不进行区分，这就使得控制权概念变得语义含糊、内涵不清，控制权本质是什么，始终没有明确的理论，研究依然处于一个零散的状态。

三　企业控制权概念的重新界定

企业控制权概念的研究有多种层次和角度，这里我们主要关注不完全契约条件下的企业控制权概念。

（一）企业控制权概念的重新界定

根据前面的分析，笔者将企业控制权定义为：在企业契约内对企业生产、投资和市场运营和组织租金分配中的主导权利。这个概念反映了企业控制权的基本含义。

首先,这个企业控制权概念是建立在不完全契约理论基础之上的。本书认为,对于一个完全的契约来说,权威的存在是没有意义的。因为所有一切的权利与责任可以在条款中实现,那么剩下的只是一个契约的执行问题。并且企业组织租金也是分配明确,并不可能存在"敲竹杠"问题。只有在不完全契约之下,无法被契约描述的部分,才为企业控制权提供了存在的空间。

其次,这个概念是基于企业契约的基本目的基础之上建立的。已有研究或者站在社会福利最大化的角度对企业控制权进行设计,或者站在已有法律和会计制度基础上进行讨论。这些研究都缺少对于企业契约基本目的的考察。本书对于企业控制权概念的重新界定,更多地注重对契约本质和目的的考察,给出一个更能反映事实的概念,而不是空想最优制度。

最后,通过对专用性概念的使用,拓展了企业控制权的适用范围。GHM理论模型中的控制权概念,只能解决"敲竹杠"问题。在将企业控制权来源拓展为直接来源与间接来源基础上引入专有性概念,可以顺利地解决事后的组织租金创造和分配问题。对于企业契约来说,创造组织租金是最大的任务和目标,这是企业存在和发展的最根本问题。如果没有组织租金的创造,企业的存在将没有意义。两个目标的共同实现也是这个概念的特点。

(二) 企业控制权的性质

普遍性。任何进入企业的资源都会以某种方式确立自己的控制权，因为任何资产所参与的是一个不完全契约，就会存在可以描述与不可描述的部分。有些参与者可以获得全部的明晰控制权与剩余控制权，而有些参与者则获得的是明晰控制权和剩余控制权中的剩余基本控制权。虽然拥有控制权的性质是不同的，控制权的权能不同，但这不能否认控制权的普遍性特征。

排他性。排他性是指决定谁在一个特定的方式下使用一种稀缺资源的权利，除了所有者没有其他任何人能坚持这种权利。任何产权清晰的资产，都具有一定的排他性，如果没有这种排他性，这种资产也就成了无明确拥有者的资产，任何人都可以随意地占有使用，产权本身也变得没有意义，就没有足够的投资激励。除了一个主体之外，其他一切个体和团体都在排除之列，或者说排他性是一种垄断性。企业控制权的排他性非常强，例如拥有控制权的所有者不可能让别人来随意指挥企业的发展，同时占有自己那部分组织租金。

可让渡性。可让渡性也可以称为可交易性，这是资产效率的基本保证，资产和资源从低价值向高价值利用转移，同时也是从收益低向收益高的转移。可让渡性必须以排他性为前提，也就是说，控制权必须有特定的主体和唯一的垄断性，否则交易则为不可能。企业控制权来源于物质资产和人力资产。作为企业控制权的物质资产和人力资产所表现出的让渡性质也不同，作为有具体形态的物质资产可以直接的进行让渡，而人力资产的让渡则更多的是间接交易，需要转化为一定形式的股权形式才能够进行让渡。

可分离性。可分离性是指控制权的拥有和控制权的执行是两个不同的事情。控制权的拥有者不一定执行控制权的全部职能，所谓控制权的拥有是建立在一定资产之上的，而控制权的执行可以是其真实所有者，也可以建立在授权之上，又被授权者代为执行。这是企业控制权的独特性质，也正是其概念难以描述和概括的原因之一。因为，很多情况下并不能很好地将控制权的拥有和控制权的执行进行明确的区分。

四 企业控制权的结构

通过企业控制权概念的重新界定，我们对控制权有了一个初步完整的轮廓。GHM 的确可以很好地解决事前投资激励问题，而企业组织租金的创造与分配又是一个不容忽视的关键问题。专用性与专有性的辨析让我们看清楚企业控制权的内部是如何进行谈判和博弈的。如何在两个目标间实现企业控制权功能的融合前提下理解企业控制权的结构，是本部分要讨论的内容。重新认识企业控制权的结构，并对其结构中不同类别的控制权做进一步的考察，以实现控制权功能的调和，进而对企业控制权的配置进行讨论，从而实现既能够保护投资者利益同时也能实现组织租金创造的合理企业契约。

（一）简要回顾

目前，国外已有很多企业控制权结构相关的研究，从不同的出发点和不同的目的对企业控制权进行不同的结构划分。阿吉翁和梯若尔（1997）将企业控制权分为名义控制权（formal authority）和实际控制权（real authority），指出公司财务理论应该在名义和实际的控制权之间划清界限，并强调经理人在决策中的信息优势。他们的这种划分是继承了韦伯的合理的控制权（rational authority）与法定的控制权（legal authority）的划分，虽然这种权力的范围和空间会受到投资人正式控制权的约束。[1] 法玛（Fama）和简森（Jensen）按照决策程序步骤将企业的控制权划分为决策经营权（提议权和贯彻权）与决策控制权（认可权和监督权），并指出企业决策控制权应由企业剩余风险承担者即物质资产所有者拥有。[2]

在国内，探讨企业控制权结构问题的研究相当多，多数的研究试图通过对控制权结构的研究，解决科层问题以及控制权的分配、实施及利益分配问题。袁云涛等（2003）将依据分工的技术效率形成的剩余控制权称为潜在剩余控制权，将依据现有制度形成的剩余控制权称为形式剩余控制权。因短期制度和长期制度对分工技术效率影响不同，对经济效率所造成的影响也不同，可将潜在剩余控制权与形式剩余控制权的相互关系划分为短期内的静态配置关系与长期内的动态配置关系，前者可视为剩余控制权的静态配置，后者视为剩余控制权的动态配置。[3] 史玉伟等（2003）指出，在股份公司中控制权的配置过程是一个授权过程，即从股东开始逐层保留权利并向下授权的过程。这种权利对大股东和小股东是有差别的，可以将大股东在股东大会上的表决权称为"现实控制权"，小股东在股票市

---

[1] Aghion P. and Tirole J. Formal and Real Authority in Organizations [J]. Journal of Political Economy, 1997 (105): 1.

[2] Fama, Eugene F. and Jensen, M. C. Separation of Ownership and Control [J]. Journal of Law and Economics, 1998 (26): 301.

[3] 袁云涛、王峰虎：《分工、剩余控制权配置与经济效率——经济效率的制度解析》，《郑州大学学报》（哲学社会科学版）2003年第3期。

场上的买卖行为称为"潜在控制权"。[①] 年志远（2003）则将控制权界定为一种归属性权力，当其归属于股东时，为明晰控制权，当其归属于经营者时为剩余控制权，当其归属于生产者时为参与控制权。[②] 刘磊等（2004）将企业的控制权分为核心控制权与一般控制权，指出企业契约中核心控制权的配置是基于对权利外部性风险的控制，而一般控制权的配置则是基于核心控制权形式的边际收益与边际成本的均衡。[③] 胡晓阳（2005）从剩余控制权的角度出发分析了企业控制权的结构，他认为企业的决策结构决定了企业控制权的结构，依据不同层次的不同决策权限，企业控制权结构可分为战略控制权、管理控制权和作业控制权。[④] 李新春还将控制权进一步分解为战略决策权、控制决策权和经营决策权，由此考察企业主与经理人之间的控制权配置。[⑤]

国内缺少对于理论前提假设的关注与研究，多数相关研究缺乏对企业控制权基础的深入考察，尤其是没有研究清楚剩余控制权的基本含义，仅依靠对现实中结构有不同的理解对其进行形式上的分类。大多数此类的研究，在讨论控制权的具体类别时，忽略了企业契约的性质和功能，尤其是契约不完全的性质和功能，如有一些研究甚至将监督引入剩余控制权。笔者认为，任何一个概念都必须在某些前提和假设之下其内涵才是有

[①] 史玉伟、和丕禅：《企业控制权内涵及配置分析》，《石河子大学学报》（哲学社会科学版）2003年第1期。

[②] 年志远：《企业所有权概念辨析》，《吉林大学社会科学学报》2003年第3期。

[③] 刘磊、万迪昉：《企业中的核心控制权与一般控制权》，《中国工业经济》2004年第2期。

[④] 胡晓阳：《企业控制权的理论解释与实证分析》，经济科学出版社2005年版。

[⑤] 李新春：《经理人市场失灵与家族制企业治理》，《管理世界》2003年第4期。

意义的，如果抛弃其前提而单独挪用其内涵，将会造成理论上的混乱和错误的结论。在接下来对企业控制权分类的研究中，我们将不完全契约作为理论基础，以企业控制权的不同功能为依据，解释企业控制权的内部结构。

（二）剩余基本控制权与剩余发展控制权

在不完全契约理论之下，企业控制权的最基本结构仍是明晰控制权与剩余控制权二元结构，同时进一步将剩余控制权分为剩余基本控制权和剩余发展控制权。

（1）剩余基本控制权

剩余基本控制权（residual basic control right，BR）是指能够实现企业控制权防止机会主义行为的剩余控制权。进行企业投资的各方参与者，进行了事前的专用性投资，专用性投资的双方就将面临对方威胁终止交易的风险。如果是一方进行资产专用性投资，在事后往往会造成被"敲竹杠"的风险，由于专用性是各种资产所普遍存在的一种资产性质，因此在事后会形成相互专用的局面。在这种情况下，各方利用退出企业契约的威胁并不可信，从而保证了各方的专用性投资不被合作伙伴榨取"可占用性准租金"。

可以说，这种控制权更多的是一种相互控制，也就是一种制衡机制。这种制衡有双重情况：一是组织租金为正的情况，这是利益获取的体现；二是组织租金为负的情况，此时是风险承担的体现。企业剩余控制权保证了各参与者有足够的激励去进行事前专用性投资。剩余基本控制权是基于资产专用性基础上的一个控制权的重要组成部分，它可以获得企业控制权基本收益，即组织租金的一部分，明晰控制权收益与剩余基本控制权收益之和就是企业契约参与者的保留收入。但剩余基本控制权并不能决定其所有者获得组织租金的多少，也并不是由剩余基本控制权决定的，这就需要剩余控制权的另一部分来决定是否能有优势地位，即剩余发展控制权。

（2）剩余发展控制权

剩余发展控制权（residual control right of development, DR）则用来实现企业的发展和组织租金的分配。在剩余基本控制权的前提下，某些资源凭借其专有性在事后谈判中获得优势地位，获得企业的剩余发展控制权，并且主导组织租金的分配。拥有剩余发展控制权是风险和效率相对应的要求。剩余发展控制权是企业中最重要的控制权，因为企业作为一个团队生产组织，最大的目标是组织租金的创造问题，剩余发展控制权拥有者通过这种权威在市场上发现机会，同时在企业内部进行资源的配置和组织租金的分配，可以说发展控制权是企业控制权中的最核心和关键的概念。本书通过图4-1和数学模型进行进一步的解释。

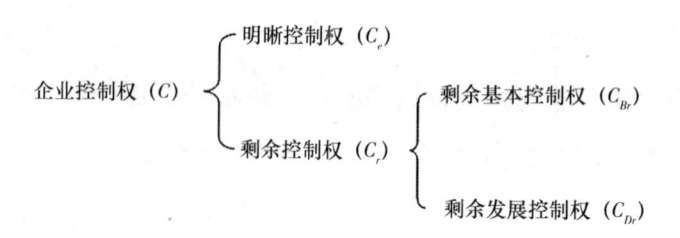

$$\text{企业控制权}(C)\begin{cases}\text{明晰控制权}(C_e)\\ \text{剩余控制权}(C_r)\begin{cases}\text{剩余基本控制权}(C_{Br})\\ \text{剩余发展控制权}(C_{Dr})\end{cases}\end{cases}$$

图4-1 企业控制权基本结构

从图 4-1 中可知，企业控制权为 C，明晰控制权为 C_e，剩余控制权为 C_r，剩余控制权中剩余基本控制权为 C_{Br}，剩余发展控制权为 C_{Dr}。那么我们可以轻易地得到如下的式子。

$C = C_c + C_r$

又由于　　$C_r = C_{Br} + C_{Dr}$

因此可知 $C = C_c + C_{Br} + C_{Dr}$

之前的研究表明，企业控制权中剩余基本控制权的获得取决于要素的专用性（specificity），同时，其专有性（exclusive）决定剩余发展控制权。我们分别用 S 代表专用性指数，E 代表专有性指数，C_0 代表剩余发展控制权指数。

有 $C_0 = -aS + bE$，（a，$b > 0$）

其中，a 表示要素的专用性对剩余发展控制权的影响程度，b 表示要素的专有性对剩余发展控制权的影响程度。因专用性会在事后降低谈判力，所以 a 在式中为负。

易知，专用性弱但专有性强的物质或人力资产，在谈判中具有优势地位，可获得较多的剩余发展控制权；反之，专用性强但专有性弱的物质或人力资产在谈判中处于劣势，即只能保证获得剩余基本控制权，可获得的剩余发展控制权极少。也就是说，在其他条件不变的条件下，剩余发展控制权指数随专有性指数的增大而增大，随专用性指数的增大而减小。在极端情况下，当 S 相对较大且 $E \approx 0$ 时，C_0 也趋近于 0，也就是当专有性非常弱的时候，几乎不可能获得剩余发展控制权。

企业控制权的内部结构可以这样概括，明晰控制权与剩余控制权是其基本的结构，而剩余控制权又分为剩余基本控制权和剩余发展控制权。在这种结构之下，即可以实现企业契约内各参与者之间不会因为机会主义而发生目标上的冲突，同时也可以通过剩余发展控制权保证组织租金的创造和分配，既实现了个体目标也实现了组织目标。

第五章 企业控制权来源研究

企业控制权的来源是什么？不完全契约理论是如何认识的？这些来源的本质是什么？如果物质资产是企业控制权的唯一来源，那又如何解释现实生活中企业控制权来源于多种资产的现象？本章将对这些问题进行讨论。

一 企业控制权来源的主流观点

一直以来，企业控制权的来源是一个富有争议和充满误解的问题，企业控制权的来源决定着控制权的实际归属。从团队生产的角度来说，企业是一个团队，为获得大于单个人生产的收益，进行合作生产，并获得组织租金。企业控制权决定组织租金的分配，这是人类进行企业生产的主要目的。

（一）物质资产是企业控制权的主要来源

经典的 GHM 理论认为，权力的来源是物质资产的剩余控制权，剩余控制权等同于所有权，那么企业控制权的主要来源就是对物质资产的所有权。

哈特在"汽车制造厂"的例子中,提出了剩余控制权的概念。拥有剩余控制权的一方,也就是作为汽车车体生产者的厂商,其控制权的来源是其对车体生产而进行的物质资产专用性投资。具体来说,可能包括厂房、机器及生产线和生产原料等。哈特又指出:"我不能强迫你供应额外的车体,原因是车体工厂属于你,由你决定如何经营它。除非在一定程度上你已经明确地签订了某种权力。如果我拥有你的车体工厂同时也拥有我的汽车厂,情况就不一样了:我可能坚持你要给我提供额外的车体,因为我能决定你的工厂如何使用。"[①]

通过物质资产所有权的变化,也就是当"我"作为车体工厂和汽车工厂的拥有者时,剩余控制权的归属发生了改变。"当契约不完全时,所有权是权力的来源"[②]。这里的所有权是指对物质资产的所有权,但GHM理论中从没有明确指出物质资产是企业控制权的唯一来源。另外,哈特等指出:"对物质资产的控制能够导致对人力资产的控制:雇员将倾向于按照他的老板的利益行动。"[③] 物质资产是企业存在的联结物,那么这能否成为物质资产成为控制权的关键来源呢?

(二) 物质资产在企业契约中的作用

科斯在1937年《企业的本质》中指出,企业的显著特

[①] 奥利弗·哈特:《不完全合约与企业理论》,载奥利弗·威廉姆森、西德尼·温特《企业的性质》,商务印书馆2010年版,第186页。

[②] O. Hart. Firm, Contracts and Financial Structure [M]. Oxford: Oxford University Press, 1995: 35.

[③] O. Hart and Moore J. Property Right and the Nature of the Firm [J]. Journal of Political Economy, 1990 (98): 1150.

征是通过权威和权力来解决问题，也就是雇主可以命令、指使雇员做什么，而一个独立的签约人却必须用收买来使另一个独立签约人做他希望做的事情。但阿尔钦和德姆塞茨在1972年对科斯企业内权威的解释提出了质疑，他们指出雇主一般不能强迫雇员去做他希望的事情，但它可以在后者拒绝这样做的时候解雇雇员。而这与一个独立签约人（如顾客）让另一个独立的签约人（如小商店主人）做他想做的事情，并在不满意时解雇后者（即不再去这个小商店购买商品）没有什么不同。①

面对阿尔钦和德姆塞茨的诘难，哈特做出了回答，他认为主要的区别在于物质资产的存在，即如果终止契约，雇主可以选择性地对任何一个雇员实施解雇行为，其本质是终止与雇员的人力资产的合约关系；而独立签约人在终止契约时，只能选择中止全部合约关系。也就是说，是企业中的非人力资产，将各种要素"粘结""凝结""联结"在一起。没有非人力资产的粘结就无法说清楚雇佣关系，雇佣的本质就是让人力资产与非人力资产结合，解雇实际上就是让人力资产与非人力资产相分离。即使在人力资产是主要价值来源的企业中，非人力资产也就是物质资产的这种作用是依然存在的。

哈特认为："如果没有某种将企业凝聚在一起的非人力资产，那么企业只不过是一种幻影而已。"② 在生产活动中，物质资产与人力资产同样具有重要的作用。为什么 GHM 理论从物

---

① Armen Alchian and Harold Demsetz. Production, Information Costs and Economic Organization [J]. American Economic Review, 1972 (50): 777.

② Ibid., p.787.

质资产意义上定义企业并解释权威呢？为什么人力资产不能有这种联结作用呢？费方域认为，这是由人力资产本身的特征造成的，非人力资产可以由别人直接控制，其控制权是可以转让、买卖的，而人力资产则是不能被别人直接控制的，它的控制权也是不可以转让和买卖的。① 如果由人力资产充当"粘结物"，那么其控制权就无法被界定和分配，也就是说，控制权的界定、分配，以及权力和权威的实施，都失去了意义。另外，在人力资产与非人力资产的结合过程中，按照对非人力资产的产权关系，人力资产所有者可以分为两类：一类同时成为非人力资产的所有者，另一类则成为它的非所有者，他们要使用非人力资产，必须要得到其所有者的同意和许可，并为此不得不在一定范围内服从所有者；但人力资产是天然地、内在地附着在人类体内的，非所有者无法直接使用这类资产。从上面的解释，可以得出对非人力资产的控制，将导致对人力资产的控制，即物质资产是企业唯一的联结物。同时以物质资产作为联结物的观点也可以对企业的本质有一个更加清晰的认识，同时可以明确地界定企业的边界。

经典 GHM 理论认为所有权（尤其是物质资产所有权）是企业控制权来源的观点遭到拉詹和津加来斯（1998）等人的激烈批评。他们指出，GHM 理论将物质资产作为权力的唯一来源是很狭隘的，因为他排斥了企业中没有物质资产的雇员。他们认为权力不仅是物质资产，对于使用资产、思想和人等关键

---

① 费方域：《企业的产权分析》，上海三联书店、上海人民出版社 2006 年版，第 30 页。

资产的能力和权力，也是权力的一种来源。[①] 另外，梯若尔等人放弃了抽象意义上的"剩余控制权"概念，认为实际控制权的配置应该与信息和知识的分布相对称，也就是控制权应该配置给掌握信息和知识的人，这样可以降低控制权配置成本。

二 企业控制权来源质疑

（一）企业控制权来源的疑问

依据前文企业控制权来源的各种争论，我们有这样一个疑问，即物质资产是控制权的唯一来源吗？通过我们对现实世界的观察和理解，可以明确的认定答案是否定的，企业控制权不可能仅有物质资产一种来源。在现实中的控制权可以有很多来源，除了物质资产外，企业的控制权还可以来源于人力资产、专有技术、特殊人际关系以及知识等。显然，物质资产作为组织的联结物，可以将人力资产联结在一起，我们并不能忽略其重要的作用，但并不能将其视为控制权的唯一来源。例如，现代知识经济条件下，在越来越多的企业中，人力资产与信息起到的作用越来越关键，甚至成为企业运行的主导力量。这些资产作为企业内的专用性资产，甚至是具有专有性的不可替代的关键资产，理所当然的享有企业控制权，而物质资产虽然也参与到企业的经营生产中，但仅是一种粘结物，将更重要的人力资产联结在一起。所以，物质资产对于企业固然是必不可少，但并不能说明企业控制权是来源于这种联结，这是一种逻辑上

---

① Rajan R. and Luigi Zingales. Power in a Theory of the Firm [J]. Quarterly Journal of Economics, 1998, (2): 387.

的错误。那么问题出现了,在 GHM 模型中物质资产作为企业存在唯一的粘结物,另外 GHM 理论又隐含着物质资产是权力的来源之一,那我们又应该如何解释其他来源?如果放弃了物质资产在 GHM 理论中的重要作用,我们又如何来理解企业的本质并在此基础上确定其边界呢?

(二)权力来源与表现形式

在解决前面这个问题上,聂辉华(2009)的回答具有解释力和富有启发性的。他认为应该通过区分"权力的来源"和"权力的表现形式"来解决这个矛盾。他首先详细的分析了 GHM 模型中某些细节和具体步骤,指出 Rajan 和 Zingles 等人的批评是对于 GHM 的错误解读。固然 GHM 将物质资产作为企业唯一的联结物品,与 GHM 中隐含物质资产是权力的来源之一的观点是相互矛盾的,但如果对"权力的来源"与"权力的表现形式"进行区分和理解,就可以解决这个"悖论"。前者指的是权力的内容,而后者代表权力在具体行使中所表现出的形式。权力的来源是多样性的,既有像物质资产一类的可以进行明确衡量的东西,也有许多无形和隐性的来源。想要对企业性质和边界进行界定,就必须寻找一种能够显性表达和描述的东西。根据物质资产的特性,只有它可以被明确的界定、维护、转让、分割,并且维护所带来的交易费用相比非物质资产来说低得多。GHM 中物质资产作为企业控制权的来源只是一种表现形式而已,其真实来源可以多种多样,目的是各种来源在企业中为获得权力、描述权力而采取的一种形式。聂辉华通过一个例子让这种解释更加的生动明确,他认为:"在现实中,如果有一个企业家和一个资本家合股开公司，那么怎样体现企业家的权利和保障其利益呢？一种最有效的办法就是企业家以人力资产换取一定比例的'干股'。以金钱表示干股就是权力的表现形式，但我们知道在这个案例中它并不是权力的来源。"①

在这个例子中，很明显企业家的控制权是来源于其自身的管理才能、知识或其他内在的隐形人力资产，但其控制权是通过"干股"的形式表现的。如果没有干股这种表现形式，那么企业家的控制权就无法实现，很难体现出其专用性投资。也就是说，如果没有物质资产的具体表现形式，企业家在缔结契约之后将面临被"敲竹杠"的风险。

这样在区分了"权力的来源"和"权力的表现形式"之后，前面的问题得到了很好的解答。同时在这个意义上来说，任何参与到企业契约中的生产要素，都可以成为企业控制权的来源。对权力来源的重新解读，也是对 GHM 理论的权力观的重新解读。

（三）对 GHM 权力观的重新解读

对 GHM 理论来说，其基本的权力观一直被认为是"资本强权观"或"资本至上观"，其主要的原因是在 GHM 模型中，重视和强调物质资产在权力的关系上所起到的重要作用。例如杨其静（2002）认为："GHM 理论显然就是'资本强权观'，即相信资本所有权能够无条件地给其所有者带来某种控制其他要素所有者的权力，并能够因此获取分享交易或组织盈余的权力。"②

---

① 聂辉华：《声誉、契约与组织》，中国人民大学出版社 2009 年版，第 105 页。
② 杨其静：《合同与企业理论前沿综述》，《经济研究》2002 年第 1 期。

同时,"资本强权观"是 GHM 模型的一个先验性假设,其存在条件和适用范围从来都没有被认真地考察过。他认为 GHM 模型的适用范围很狭窄,仅适合在物质资产相对稀缺和相对重要的环境中,尤其是在古典资本主义企业中具有适用性。但当面对所有权和经营权相分离的企业,尤其是那些以人力资产为关键要素的新型企业时,GHM 理论难以自圆其说。笔者认为这种认为 GHM 理论是基于"资本强权观"的观点是值得商榷的。

笔者认为,造成这种误读的主要原因就是没有深层次、广视角地对企业控制权问题的前提与内涵展开研究,进而加以准确地对 GHM 的权力观进行定位,尤其是没有明确区分权力的来源与表现形式。仅通过表面上的观察,片面阅读和理解文献中哈特等人的一些观点,如"在契约不完全时,所有权是权力的来源","对物质资产的控制能够导致对人力资产的控制"等这样一些语句,很容易就认为这是在为"资本强权观"摇旗呐喊,将物质资产视为唯一重要的关键要素。但如果对"物质资产作为组织的联结物""权力的来源与表现形式"等一些因素进行如前文中的分析,就可以得到与前文观点不同的理解和认识。

如前所述,在区分控制权的来源和表现形式以后,GHM 模型中物质资产作为企业控制权的来源只是一种表现形式而已,权力可以有多重来源,而并非物质资产。同时,杨其静对 GHM 模型的适用范围的疑问也可以得到解答,GHM 理论也同样解释那些以人力资产为关键要素的新型企业,人力资产同样可以成为权力的来源。这样一来,GHM 理论中剩余控制权也可以被理解为来自不同的资产,而不是如之前被误解的那样,仅依靠物质资产获得权威。并且,在区分来源和表现形式之后，GHM理论的解释力和适用范围得到明显的提升。对来源与表现形式的辨析让我们可以更深入地对企业控制权实际来源有了更加明确的认识。但聂辉华的研究转而分析企业的本质和企业的边界问题，并没有在此基础上对企业控制权实际上的具体来源进行深入的研究。

本书花费巨大篇幅进行上文的讨论，其主要目的就是便于我们更好地理解企业控制权的来源中的主要矛盾和问题，并明确来源的基本性质，更重要的是在接下来的讨论中我们可以清晰的对这些来源进行分类和明确的介绍，因此，接下来对企业控制权来源问题的另一层面进行讨论，即对企业控制权具体来源和这些来源的主要内容进行分析。

三 企业控制权的直接来源与间接来源

（一）企业控制权的直接来源

企业控制权的直接来源是指，某些资产一旦进入企业便可以直接体现为企业控制权，而不需要通过转变存在形式和性质的来源。按照我们前文的分析，这类资产只能是物质资产。物质资产是指实物资产、货币资产、证券资产等。物质资产的特征决定了其来源比较多，主要有先占、受赠、投资和劳动等方式。[①]

来源于先占的物质资产。先占的方式是最为古老和原始的取得资产的方式之一，是指蓄意占有在当时为无主的财产或自

---

① 罗能生：《产权的伦理维度》，人民出版社2004年版，第152页。

然资源，先占的目的在于取得资源作为己有，成为个人资产的一部分。无论对一个国家还是一个自然人，先占的方式是最基本获取资产的来源。人类出现以后，人类最初私有财产的获得主要是通过先占获得，人类社会形成之初，最初的国家领土便属于先占获得的资产。现代社会，已经没有原始社会那么大的资源空间，各种产权已经有了明确的界定，能够通过先占而获取的资产非常少，所以先占方式已经变得十分少见。先占主要针对的是对非人力资产的蓄意占有行为，尽管在原始的状态中，奴役也可以视为一种先占的方式，但人类进入文明社会以后，对人力资产的占有只能是其所有者，否则是违反基本人权的。但先占却依然是获得资产的一种方式，并且被各国法律及国际法认可，也意味着先占必须在法律框架内实施，不能够阻碍他人先占，更不能破坏资源的可持续使用，违反此原则也就意味着违反法律。

　　来源于受赠予和继承的物质资产。赠予指的是赠予人将自己的财产无偿给予受赠人，同时受赠人接受这些财产的一种行为。这种行为的实质是财产所有权的无偿转移。通过赠予的方式获得财产是很少见的，正常条件下因为人们不可能无偿地将自己的财产拱手相赠。一般来说，赠予行为需要通过法律程序来完成，目前，赠予经常作为一种避税手段而存在。继承获得资产的方式，是以某一自然人的生命结束为标志，由去世的自然人在生前指定继承人或按照血缘关系进行转移的一种方式。继承受到特定的社会制度的制约，在不同社会制度下，继承的方式也是不同的。继承获取的方式更多的是一种法律制度，法律中继承的内涵是指将死者生前的财产和其他合法权益转归有权取得该项财产的人所有的法律制度。先占、受赠和继承这三种资产来源都是人类获得资产的最原始和最基本的权力,这三种来源并不是新创造出来的资产,[①] 而是一种转移和过渡的过程,同时也具有间接和被动的性质。

来源于投资的物质资产。投资是指通过市场合理利用资产,并以获得更多资产为主要目的的行为。投资必须依赖于市场才能够进行,其本质是通过自己的资产向他人提供服务而获得收益。实现投资的方式有很多,例如证券投资、生产投资、商业投资等,不同的投资方式的操作方法不同,也有不同的收益。投资具有一定的风险性,在投资中可能会遭受收益损失甚至本金损失的风险,投资的未来收益也具有不确定性。投资获取资产是市场经济中的一种主要来源方式,占据了主导地位。

来源于劳动的物质资产。抽象或概括劳动的广义概念,是指人们在各种活动中劳动力的使用或消耗;狭义的劳动指人类在一定目的的主导下,通过各种手段和方式进行的生产、创造的过程,目的是满足人类自身的物质、精神等方面需要。简单地说,来源于劳动的物质资产,指通过劳动而获得的财产权利。劳动是人类进行生产中最关键的要素,是获得资产的另一个主要渠道。

以上是物质资产的主要来源,并不是全部来源。由于物质资产具有来源多样性的特点,并且其过程十分复杂和多样,完全详细地对这个过程进行介绍是不现实的。

---

① 年志远:《二元产权经济学》,经济科学出版社2008年版,第17页。

(二) 企业控制权的间接来源

企业控制权的间接来源是指，某些资产进入企业后需要通过转变存在形式和性质后才可以体现为企业控制权的来源。这类来源主要指那些非物质资产，在企业中可以长期使用但没有实物形态的资产，包括专业知识技能和知识产权、特殊社会关系、发现机会的能力以及创意等。由于其抽象性，存在状态的隐形和无具体形态的特征，这类资产往往是附着在人类的劳动与思维中，才能够具有价值和得到使用。这类资产以人力资产的变现方式进入企业，通过转变形式获得控制权，可以使用人力资产来概括这类资产，下面本书分别对这些间接来源进行介绍。

专业知识技能和知识产权。在企业生产过程中，虽然物质资产作为联结物将各类投入企业中的资产粘结在一起，但专业知识技能及特定的知识产权是企业能够进行生产的关键。专业知识和技能是指在企业生产管理第一线的劳动者所具备的针对生产的独特知识、方法、技术及能力，这类能力往往只有通过在第一线生产的长期实践、具体操作和劳动才能够获得，它具有一定的专用性，即很难挪为他用，同时也被其他资产所依赖；知识产权是指知识产权权利人对其所创作的智力劳动成果所享有的专有权利，各种智力创造比如发明、技术工艺、艺术作品，及在各种商品中使用的标志、名称、图像以及外观设计，都可被认为是某一个人或组织所拥有的知识产权。但在法律意义上的知识产权概念只在具体时间期内有效。

特殊社会关系。社会关系是指社会中人与人之间关系的总称，特殊的社会关系指的是能够带来巨大商业利益的社会关系，这类关系必须也只能以自然人为基础进行构建。这是一种更加抽象和无形的资产，因为其内涵和外延难以把握，所以难以进行具体的经济学分析和研究。但在现实生活中，这类具有特殊社会关系的人，是一种关键的稀缺资产，如许多企业倾向于引进退休的高官或那些高干亲属在企业内任职，其主要目的是期待通过这些人的社会关系获得商业机会和商业利益。

发现机遇的能力。这里的机遇主要是指获得商业利益的机遇，也就是商机，是指一定机遇并能由此产生获得利润的机会，能够使企业在战略上取得优势的机会。商机的具体表现为需求的产生与满足的方式上在时间、地点、成本、数量、对象上的不平衡状态。这种能力首先必须具有与企业所在行业相关的专业知识，了解企业所处的市场环境，并且在先天上必须有敏锐的观察能力，深刻的洞察力，并且能够很好地将这些天赋的知识经验积累相结合。所以对机遇的发现能力是人基于知识、天赋和经验上一定时间的积累才能够拥有的一种能力。

创意。创意是指先于他人具有新颖性和创造性的想法。这个概念常被用于艺术、文学的创作之中。体现在企业生产过程中的创意是指在生产中的具有新颖性和创造性的新想法，能够通过合作生产实现，从而对企业的生产经营和发展产生影响。创意也要以一定的专业知识为基础，但与发现机遇的能力相比，创意强调偶然性与主观性。创意往往是新知识、新方法的起点，可以在新的创意出现之后形成专业知识和专业技能，同时也可以进一步变为知识产权。

与物质资产来源的多样性不同，人力资产来源渠道很少，只有投资、个人天赋、人际关系等。其中投资是最基本的来源，包括学校学习、卫生保健和边干边学等。[①] 人力资产投资具有较大的风险，由于人力资产的抽象性附着于单个生命个体之中，这种"活着的产权"受其载体的情绪、思想、健康状况以及个人的偏好的影响，很容易随着这些因素的变化而发生改变，尤其是其"可激励但不可压榨性"，使其间接使用者对于这些资产的管理变得复杂。不完全契约理论认为，企业的本质是由各种要素之间所签订的一个契约，通过对企业控制权来源的分析后可以发现，理论上说任何要素都可以成为企业控制权的来源，而这些来源具体来说可以分为物质资产来源和人力资产来源。同是企业控制权的来源，他们在投资过程中又有怎样的区别呢？我们通过引入一个新的概念对这两个来源进行进一步的分析。

(三) 专用性呈现速度

本书引入一个新的概念——专用性呈现速度，目的是进一步说明企业控制权两种来源，即物质资本产权和人力资本产权的基本性质。所谓专用性呈现速度，是指某种资本投入企业后，在体现其专用性所需要时间上的快慢程度。专用性是与通用性相对的一个概念，是指为某一特定生产而进行的持久性投资一旦形成便很难再改为他用，即使改作他用其价值将大幅下跌。任何一项投资，其本质都是某类资产由通用性向专用性的转变过程，而这个过程是需要一定时间的，也就是由通用性资

[①] 冯子标：《人力资本运营论》，经济科学出版社2000年版，第81页。

产向专用性资产转化或形成所需要的时间。本书之所以选择"专用性呈现速度"这个概念来描述上文的内涵，是因为在这个过程中要重点关注的专用性的形成，而不是通用性的消失。这样可以更好地加深我们对企业性质的理解，分析对专用性形成这个过程中企业中各类要素的变化过程。

专用性呈现速度是一个相对概念，只有在不同资产专用性呈现所需要的时间的比较中才能体现出其内涵和意义。某项资产投入企业生产之后，在体现出难改作他用和价值被套住的状态是需要一定时间的。那么，专用性呈现速度就是来描述这种状态所需要的时间上的速度，如果说一项资产的专用性呈现速度很快，则意味着这一项资产在投资之后，会在相对很短的时间里转化为难改作他用的资产并且自价值将会被套牢。相反，则预示着这项资产需要相对比较长的时间才能体现出专用性。

根据前面的分析，企业控制权的主要来源是物质资产和人力资产，二者在投入企业之后的专用性呈现速度是不同的。物质资产在投入企业之后可以很快地呈现其专用性，例如投资建立工厂，只要资金到位迅速，那么新厂房将会很快地形成转化为投资的专用性资产。相反，由于人力资产投资和体现需要很长时间，其专用性呈现速度是相对较慢的，例如，某人力资产所有者在投入企业之后可能在短时间内仍然是通用性资产，只有通过培训和在生产经营活动中逐渐形成其资产的专用性。由于资产的本质特征的差异，相对而言，物质资产的专用性呈现速度是快于人力资产的专用性呈现速度的。

这一概念的引入可以让我们更好地对控制权来源的基本性质有更深入的理解，并且也可以为有关研究打下一个重要的基础。

前文全面地对企业控制权的来源进行了考察。以学者们对控制权来源的争论为起点，分析了 GHM 理论认为物质资产是控制权的主要来源的观点，分析了物质资产作为企业组织的联结物的关键作用。通过分析比对，发现聂辉华对控制权来源与表现形式的观点是具有解释力和启发性的。在此基础上，重新解读 GHM 理论的权力观指出，认为 GHM 理论是"资本强权观"的观点是一种误解。造成这种误解的最主要原因就是没有区分控制权来源与表现形式。通过对 GHM 的辨析，可以拓展其理论解释力和适用范围。本章对控制权的具体来源进行了分析，区分了直接来源与间接来源，并对二者的基本内涵和性质及分类进行了概述。最后引入一个新的概念——专用性呈现速度，用来描述作为控制权的来源的资产由通用性资产转化为专用性资产所需时间的快慢程度，以此来加深对控制权主要来源的物质资产和人力资产的理解。

第六章 企业控制权功能研究

所谓企业控制权功能，是指在企业契约内控制权所能够发挥的作用。进一步讲，就是在企业契约内企业控制权能够为其主体实现既定目的所能发挥的作用。本章将首先对企业控制权功能的基础进行考察，之后是对企业控制权功能的观点，最后给出企业控制权的具体功能，并分析控制权功能与企业最优企业控制权之间的关系。

一 企业契约本质与企业控制权功能

企业契约必然是为了一定的目的而存在，参与企业契约的各种主体也有其个体目标，同时也有与其他个体一致的共同目标。个体目标可能是相互矛盾甚至对立的，共同目标往往是同向的，并且个体目标的实现通常是以共同目标的实现为前提和基础。企业控制权的本质就是其主体为实现这些目标而使用的一种工具。所以，企业控制权功能的内涵直接受到企业存在的目的的影响，下面我们通过分析企业契约性质，了解契约的目的，进而对企业控制权的具体功能进行分析。

（一）企业契约本质的两种观点

在关于企业本质的各种理解中，科斯的观点因其改变企业理论的发展方向的重要意义，占据了主导地位，之后多数对企业的理解都是基于科斯的观点而发展起来的。其中阿尔钦和德姆塞茨的观点对我们分析企业契约本质的理解是有帮助的。下面分别对科斯的观点及阿尔钦和德姆塞茨的观点进行分析。

（1）节省交易费用

科斯认为"企业"与"市场"互为对立面，"企业—市场"二分法的基本范式成就了其独特的企业理论。他将交易作为分析的基本对象，把企业视为一种契约的联结（a nexus of contract），寻找企业异于市场的特质。科斯在《企业的本质》中指出："考虑到如果生产是由价格变动来调节的，那么生产就可以在没有任何组织机构的存在情况下进行，我们便要问：'为什么还会存在组织机构？'"[①] 换句话说，科斯的问题是企业存在的目的是什么？他给出的回答是交易费用的存在。在现实中市场机制并不是无成本的运行，是存在摩擦和成本的，市场价格制度的交易费用大于零，而企业的存在就是为了节约交易费用而存在的一种组织形式。

从契约理论的角度来看，科斯的范式是将经济主体之间的各种契约关系划分为两大类，即"市场契约"与"企业契约"，并且企业契约是与市场契约性质迥异的契约。市场契约

---

① R. Coase. The Nature of the Firm [J]. Econometrica, 1937: 388.

的完备性是比较高的，交易双方的权利与收益可以规定得非常清楚，双方无须面对道德风险，即使契约中存在未规定的"剩余"部分，也可以通过某种隐含契约得到执行。在企业契约中，因交易费用产生的不完全性的存在必须应对道德风险，需要通过控制权得以解决。在企业中，权威是配置企业内各种资源的主要方式，其成本为组织成本和科层官僚成本；在市场上价格机制进行资源配置，其成本是交易费用。如果把企业的组织成本视为一种企业的交易费用，那么，企业的边界就是两种成本的边际相等。可以这样总结科斯对企业的理解，企业存在的目的就是节约费用。

(2) 组织租金的创造和分配

阿尔钦和德姆塞茨认为团队生产才是企业的最根本的特性。他们在《生产、信息费用和经济组织》（Production, Information Costs and Economic Organization）一文中指出，"如果团队产出超过各要素独立生产的产出之和并足以抵补组织和约束团队成员的成本，那么团队生产就会被采用"[①]。团队生产的特征：一是使用几种类型的资源；二是产品不是每个合作资源的可分离的产出之和；三是并非所有被用于团队生产的资源都属于一个人。团队生产获得的总收入必须在各种要素所有者之间进行分配。每一个要素所有者参与企业契约的基本条件是，他参与企业契约的收入不能低于这种要素在市场契约中所能获得的收入。这些要素的最基本要求的收入加总在一起就是企业的保留收入。企业的存在与发展需要企业能创造出超过每个成员独立生产的

---

① 阿尔钦、德姆塞茨：《生产、信息费用和经济组织》，载路易斯·普特曼、兰德尔·克罗茨纳《企业的经济性质》，上海财经大学出版社2000年版，第284页。

收益，这个高于团队成员的保留收入的部分，即团队协作产生的组织租金。如果团队生产的产出大于各个成员独立生产之和，即报酬递增特性，能够弥补组织和管理每个成员的成本，团队生产就应该被采用。相反，如果团队效益低于各要素单个生产之和，或者不能抵补组织和约束团队成员的成本，那么企业组织就不会被采用。所以，企业存在是以创造组织租金为前提的，所以，企业的根本性质是创造和分配组织租金，组织租金的分配会直接影响每个成员行为，也影响到组织创造租金的能力，所以，组织租金的创造和分配是一个封闭的循环系统。①

在这种意义之下，企业可以理解为要素所有者创造和分配企业组织租金的一种契约安排。团队生产的意义在于多项投入在一起合作生产得出的产出要大于各项投入在分别生产的产出之和，即实现 $1+1>2$ 的功能。一个生命力强的企业应该是可以在市场环境中，创造出的收益大于每一个要素所有者单干所产生的收益总和，要素所有者之所以选择加入该企业的根本动力在于能够得到比自己单干更高的收入，分享企业组织租金。②也就是说，企业存在的意义不仅是节约交易费用，更重要的是要产生递增的报酬。③ 与科斯的观点相比，阿尔钦和德姆塞茨的理解更加强调企业契约的收入分配目标。

（二）对两种观点的评析

对企业契约性质的这两种理解看似是两个不同的方向，一

---

① 刘心群：《企业本质：组织租金的创造与分配》，《重庆教育学院学报》2009 年第 4 期。
② 郭继强：《企业制度中的组织剩余》，《学术月刊》2004 年第 8 期。
③ 德姆塞茨：《所有权、控制与企业》，经济科学出版社 1999 年版，第 87 页。

个强调通过权威进而降低交易成本,而另一个强调通过团队生产进而产生组织租金。但仔细的分析,其实这两个问题可以被视为一枚硬币的两面,即对企业契约目的的两个方面的解读。这两种观点都是将企业作为市场的对立面入手,对企业问题进行的考察。科斯明确地指出了这种不同,使用"市场—企业"二分法进行分析。尽管阿尔钦和德姆塞茨没有明确指出这一点,但其研究企业还是以市场为标准进行对比和分析。如团队生产被采用的标准就是,"团队产出超过各要素独立生产的产出之和",就是创造出的收益大于每一个要素所有者市场环境中单干所产生的收益之和,这里就是将市场作为对立面进行的对比分析。如果假定各种要素在市场上的收益是固定不变的,在企业契约内各要素在企业总收益与单个要素市场收益之和相等的条件下,企业契约节约交易成本和创造租金具有相同的含义,也就是说企业在节约交易成本的过程也是创造了组织租金的过程。

然而,这两种企业契约理解的最大的差异就在于对契约参与者的对抗性和合作性的分析。科斯的理解更多的是交易费用的来源,即契约的不完全性。解决交易费用的问题,就是要解决由不完全性产生的契约剩余权利的界定和分配,以免产生契约各参与者之间的道德风险问题。实际上这是强调契约参与者之间的契约内对抗性。相反,阿尔钦和德姆塞茨的观点,则更强调如何通过契约各个参与方的合作性以实现企业共同的目标。

(三) 企业控制权功能的内涵

通过以上探讨,我们对企业契约的性质,尤其是对企业契约的目的有了更好的理解。我们可以这样概括其目的：通过一定的手段和方法，解决契约内部参与者之间的对抗冲突问题和共同合作问题，从而获得一定的收益。根据企业契约的目标，企业控制权的功能分为基本功能和发展功能。正如在本章的开头所言，企业控制权的功能是指企业控制权能够为其主体实现既定目的而能发挥的作用。企业契约的目的有两个，即解决契约内部参与者之间的对抗冲突问题和共同合作问题。企业控制权作为实现企业契约目的的工具相应的就具有两种不同的功能，即防止道德风险的功能，促进合作与发展的租金创造功能。下面分别对企业控制权的两个功能内涵进行分析。

企业控制权基本功能的主要目的是解决利益冲突问题，主要指由机会主义产生的"敲竹杠"问题。换句话说，控制权的基本功能是保证其所有者在企业契约中的利益不被别人无条件占有。企业参与者参与收益可以分为两部分，一是契约中可以明确描述的收益，也就是参与者的保留收入；二是在合作生产中由自己的投入所创造出来的收入，也就是组织租金中自己应得的那一份收入，即准租金。由于机会主义的存在，准租金是有可能被机会主义的合作者在事后进行利益分配时所占用的。如果假设企业存在负收益的可能，那么对于事前已经被契约规定好的保留收入也是需要保护的。企业控制权的基本功能就是，保护参与者的保留收入和可能获得的组织租金，防止其被"敲竹杠"行为的侵害。另外，如果能够解决"敲竹杠"问题，便能激发各方参与者的投资积极性，从而实现有效率的专用性投资。

企业控制权的发展功能是为了解决企业契约中组织共同发

展问题，如组织租金的创造和分配。企业控制权的发展功能并不是每个企业参与者都能够获得的权利。企业契约的本质是作为一种团队生产，企业合作分工的性质决定不可能所有人都进行同样的工作和任务。对企业的发展需要有人做出有效的发展与战略决策，把握企业前进的方向，同时保证企业内部生产和管理的有序性，他也在组织租金分配中占有主导的地位，只有这样自利动机才会驱使他尽可能地为组织目标和个人目标的共同实现而做出好的决策，避免错误的决策。企业控制权的发展功能就是保证企业合理发展的功能，或者说保证了组织租金的创造和分配的有序。

二 不完全契约理论与企业控制权功能

交易费用经济学中并没有探讨控制权问题，但其对治理结构和科层的阐述，也可以视为是从另一个层面对控制权功能的理解，在这部分里只做一个简要的解释。

（一）交易费用经济学中企业控制权功能

交易费用经济学将交易作为最基本的分析单位，并且将交易视为一种契约。由于契约是不完全的，契约双方都有可能存在机会主义行为，即有可能出现"敲竹杠"现象。为了解决此类问题，交易费用经济学强调通过治理结构解决事后激励问题，通过让不同类型的契约对应不同性质的治理结构解决"敲竹杠"问题。其中，交易频率较高以及不确定性较高的关系型契约，适合依靠科层（或企业）来解决，也就是说科层（或企业）可以在解决"敲竹杠"问题上起到关键作用。但是，交易费用经济学中没有专门针对企业控制权做出具体论述，也没有针对控制权在科层内如何操作和运行的具体细节做出解释。如果把企业理解为一种通过权威来配置资源的方式，那么企业权威是在企业科层结构之下才能够得以实现的。而在交易费用经济学中，我们可以认为企业控制权的作用是解决"敲竹杠"问题，即用来防止交易伙伴的机会主义行为的一种手段。

（二）产权理论中企业控制权功能

产权理论也是在不完全契约的框架下来理解和解释企业。其中占主导地位的 GHM 理论根据契约的不完全特征，将契约分为可以明确具体规定的明晰控制权，以及不能够事先描述的权利，这部分权利就是剩余控制权。剩余控制权直接来源于物质资产所有权，也就是说，对于物质资产的所有可以直接推导出剩余控制权。如果企业契约交易双方都进行了事前的专用性投资，那么专用性投资的双方就将面临对方威胁终止交易的风险；如果进行专用性投资的是一方，那么还有可能被对方榨取"可占用性准租金"。如果交易双方都预料到事后可能会发生这种"敲竹杠"行为，就会没有足够的激励去进行事前专用性投资。那么就将剩余控制权配置给进行专用性投资或者投资重要方，即不可或缺的一方。这样就可以避免事后的"敲竹杠"风险。

在产权理论中，组织租金不会平等的在各个要素所有者之间进行分配。在凭借要素所有权分得企业组织租金的前提下，各个要素所有者分享组织租金凭借其实力进行博弈，按照博弈结果进行剩余组织租金的分配。产权理论同时假设事后的谈判力（bargaining power）与初始谈判结果相一致，事前谈判所决定的企业控制权归属是不能在事后改变的，控制权将始终按照初始的配置被事前专用性投资重要的一方占有。拥有控制权的一方在谈判中处于优势地位，意味着分配企业剩余的时候可以占据优势。

（三）企业控制权功能评析

GHM 理论之前的研究，似乎把企业性质的探究分成了两个问题，即如何解决投资激励问题和如何创造组织租金问题。具体到企业控制权理论研究，与之相应的向两个方向发展，所形成的大多数理论只能解决两个问题中的一个，其逻辑无法推导出对另外一个问题的合理解释。诚然，经济理论的价值在于解决经济问题，通过理论的分析使问题变得清晰和易于解决，但如果把一个问题分成不同部分，用不同的理论去解决的研究方法，看似解决了问题中的每一个环节，可很有可能问题并没有变得简单，而是变得更加的复杂。所以，好的理论在于不仅能解决一个问题的某一方面，而是能够涵盖问题的全部。GHM 理论是一个非常完美的理论，它通过理论构造上的完美设计和严密的数学计算后得出了一个明确的结论。GHM 理论模型非常完美的让企业控制权的两种功能通过一个理论而实现，既解决了事前专用性投资问题，同时也解决了事后组织租金的分配问题。GHM 理论中的控制权能够解决组织租金的创造问题，进而可以对企业在生产经营中的控制权进行界定；能够同时实现组织租金创造分配和解决专用性投资低效率的控制权，GHM

模型中的企业控制权功能的发挥是非常有效率的。

无论是交易费用经济学还是产权理论都依然是科斯主义的继承人，坚持不完全性的存在，致力于降低交易费用，并且将这一思路发挥到极致。产权理论将控制权问题引入的目的就在于如何解决因"敲竹杠"所带来的风险，或者说，控制权处于契约的核心位置的目的是降低交易费用，而对于组织租金分配优势地位的获得是通过前提假设已经先验性被确定好的。在GHM理论过于严格的前提假设之下，解决了一个问题不等于解决了全部问题。即要求第三方的不可证实性、当事人风险偏好中性和信息对称，同时在事后剩余分配中，各方不能进行与初始契约相违背的谈判方式，或者说谈判力。这就决定了初次谈判中所形成的控制权将始终维持下去，初始控制权的拥有者将一直支配所有权，同时在组织租金的分配中占据优势地位。可以说其任何理论假设和推理过程都是不能修改的，牵一发而动全身，一旦改变便会得出不同的结论。产权理论中的企业控制权功能，其理论出发点都是意在防止专用性投资的一方不被道德风险侵害这一范围内。霍姆斯特姆（Holmstrom）在谈到产权理论时，认为哈特等人的研究，对资产所有权功能的认识过于狭窄，并且提出资产所有权的最主要功能是授予CEO规定游戏规则和重新构造企业内部激励制度的权利，而不是仅仅用于解决专用性投资相关的"敲竹杠"问题。[1] 如果允许重新按照实力进行谈判，在事前进行专用性的一方在事后的谈判中，往往会因为其进行了专用性投资而被其他契约参与者威

---

[1] Holmstrom and Bengt. The Firm as a Subeconomy [J]. Journal of Economics Law and institution, 1999: 349.

胁，从而处于谈判的被动地位。也就是说，控制权初始配置并不能推导出对企业组织租金分享中的优势地位。① 这也是产权理论的最大的弱点所在。

不完全契约理论已经发展成为企业理论的主流。尤其是产权理论对于企业控制权的认识，已经成为控制权理论的主要观点，主导着人们对于企业控制权的基本认识。在不完全契约理论中，尤其是产权理论通过建立数学模型，经过数学上的严格证明，分析控制权尤其是剩余控制权的配置，对影响企业契约事前专用性投资激励方面具有重要的作用，弥补了以往理论在这方面认识的不足，使企业的一体化以及所要面临的投资风险和企业控制权的作用都变得更加的清晰。

三 最优企业契约与企业控制权功能

产权理论将企业控制权的基本功能和发展功能很好地在一个理论框架之下实现，但这是否就是企业控制权的最优实现方式呢？如果是，这种能够最优实现控制权控制功能的安排是否就是最优的企业控制权安排呢？接下来，首先分析最优企业契约，之后分析在最优企业契约之下的企业控制权功能，最后总结控制权功能无法实现最优的原因。

（一）最优企业契约

所谓最优企业契约，就是企业契约最优的目标全部实现的

---

① 后文将更详细地探讨这一问题的具体细节。

状态。对于企业控制权的基本功能来说，它主要解决由于"敲竹杠"所导致的有效投资不足问题。如果某契约在控制权的作用下，避免了"敲竹杠"问题，实现了要素投资者的有效投资，那么这个契约就是最优的企业契约，这个契约中的企业控制权就是最优的企业控制权安排，它的功能得到了最优的发挥。这种情况是否会实现呢？

假定 A 和 B 两个投资者共同签订了一个不完全的企业契约进行某种生产，其中 A 进行了 100 元的专用性投资，A 与 B 合作生产，使得总产出价值比市场价值高出 10 元，在机会主义的促使下，B 要求与 A 分享这 10 元。那么通过合作而产生这额外的 10 元就是可占用性准租金，不完全的契约中并没有说明如何对这 10 元进行分配，同时也无法通过法院来认定究竟这 10 元是如何通过生产而创造出来的，那么 A 与 B 就会针对这 10 元的分配进行再谈判。由于 A 考虑到自己已经进行了专用性投资，难以改作他用，并且之后继续生产的收益仍然大于成本，所以被迫与 B 分享这 10 元的收益，也直接导致 A 的投资积极性下降，从而有效投资不足。如果 B 面临自己因投资了 80 元而获得的 8 元的可占用性准租金，也面临被"敲竹杠"的情况，那就会导致双方都不会有投资的积极性。在没有界定剩余控制权归属的条件下，"敲竹杠"问题是难以避免的。按照产权理论，如果将控制权配置给进行物质资产投资的一方，在这个例子中，由于 A 的专用性投资更多，那么 A 将获得剩余控制权，在进行剩余分配的时候 A 就将获得全部的 10 元收益，这时由 A 进行的投资中解决了道德风险问题。但企业契约的签订不可能是由一个投资者进行的活动，B 也同时进行了专用性投资，只不过由于没有更关键的专用性投资而无法获得在事后分享中的有利地位，当面临对B的投资所产生的租金进行分配时，A凭借剩余控制权依然可以无条件的在分享中占据优势地位，对B进行"敲竹杠"行为，从而降低了B的投资积极性。

从这个例子中我们可以得出这样的结论：将剩余控制权配置给专用性资产相对重要的一方并不能完全解决"敲竹杠"问题，因为在一方获得分享剩余的优势地位而增强了积极性的同时却打击了另一方的专用性投资积极性。严格意义上的最优企业契约是指能够按照企业投资者的投入比例而进行分配的企业契约。产权理论对于控制权的安排依然不是最优的，只要"敲竹杠"问题不解决，最优的企业控制权安排也只能是一种理想中的状态。但是哈特等人相信总盈余的最大化就是最优的所有权结构，按照哈特的观点，这种所有权安排之下的控制权安排也是最优的，企业控制权的功能已经得到充分的发挥。

（二）企业控制权最优功能的实现

在GHM理论中，企业控制权的发展功能的实现是被其基本功能决定的，只要基本功能实现，在谈判力保持与初始契约不变的假设规定下，控制权发展功能的实现就成为必然。所以，其基本功能的实现就成为实现控制权全部功能的关键，探究全部控制权功能无法实现的原因，就是研究控制权基本功能解决"敲竹杠"问题的原因。经济学原理告诉我们，理性的经济人会按照边际成本等于边际收益的原则来进行最优的决策。显然造成无法做出最优决策的原因，一个是造成不完全契约的有限理性假设，另一个是交易的可观察但不可描述性。在有限理性假设之下，交易各方即使能够预测到"敲竹杠"行为的发生，并且在事前对控制权进行配置，但由于具体生产细节是无法被观察和描述的，所以就无法依据生产中是如何合作、各方投入多少来对生产之后所产生的租金进行分配。可以说，只要不解决有限理性问题和生产的不可描述性，就很难实现企业控制权的全部功能。

第一，对人类理性的描述是非常困难的一件事情。自从诺贝尔经济学奖得主赫伯特·西蒙提出有限理性概念至今的半个世纪以来，经济学家对有限理性的概念至今没有一致公认的看法。这源于人类精神与思维的复杂性。有限理性是至今最模糊但却最有用的经济学假设之一。

第二，即使实现了对契约中有限理性部分的准确描述，"敲竹杠"问题同样是不可避免的。首先，企业各方要素投入者中人力资产是重要的组成部分，人力资产是无形的健康、体力、经验、生产知识、技能和其他精神存量，尤其是知识性与信息性较强的人力资产投入，更无法通过肉眼观察一个人内心中的想法从而确定其投入，可以说不可观察性是人力资产的一个重要特征；其次，人力资产的不可描述性更强；最后，即使可以观察到人力资产投资的细节，也无法对其进行合理的定价，这是更加难以克服的困难。

第三，企业控制权的功能最优是无法实现的。如果从不完全契约之下的投资角度来看，这是不完全契约理论中的一个经典命题——"不完全契约导致契约无效率"。20世纪90年代以来，大量的研究试图挑战这个命题，这些研究要么前提假设过于严格脱离现实，要么偷梁换柱，将不完全契约理论完全化,虽然得到了各种不同的结论,但都始终无法提出一个令人十分信服的解释。而 GHM 理论作为其中的一种观点,似乎是比较合理地解释这个问题的一种理论,但正如哈特等人所相信的那样,能够获得最大盈余的结构就是问题最好的答案,尽管它不是最优的。

在概括企业契约基本性质和梳理了不同观点之后,本书指出企业控制权有两个主要功能,即基本功能和发展功能。同时我们可以发现,企业控制权作为不完全契约理论中的一个非常重要概念,其功能是无法得到完美实现的。同时,"敲竹杠"等道德风险问题也不能够得到充分的解决,很难在不完全契约理论框架之下得到彻底的解决。

第七章 企业控制权收益研究

在企业控制权的相关研究中，与收益有关的概念有"保留收入""组织租金"和"剩余收入"等，这些概念都有什么样的内涵，它们都能够反映企业控制权收益的本质吗？本章我们从企业控制权收益有关的概念辨析开始，对企业控制权的收益展开研究。

一 企业控制权收益的内涵

企业控制权的收益是指在企业内由于拥有企业控制权而得到的实际财富或货币。经济学中收益概念最早出现在亚当·斯密的《国民财富的性质和原因的研究》中，作者将收益定义为"那部分不侵蚀资本的可予消费的数额"[①]，把收益看作是财富的增加。后来，经济学家或继承或发展了这一观点。1890年，马歇尔在其《经济学原理》中，把亚当·斯密的"财富的增

---

① 亚当·斯密：《国民财富的性质和原因的研究》，商务印书馆1972年版，第127页。

加"这一收益观引入企业,提出区分实体资本和增值收益的经济学收益思想。20世纪初期,艾尔文·费雪(Irving Fisher)提出了三种不同形态的收益:一是精神收益,即精神上获得的满足;二是实际收益,物质财富的增加;三是货币收益,增加资产的货币价值。这三种形态的收益中:精神收益因主观性太强而无法计量,货币收益则因不考虑币值变化的静态概念而容易计量。这里对企业控制权收益的研究只侧重于研究实际收益,也就是实际的好处。按照契约性质的不同,可以在完全契约和不完全契约条件下对控制权收益的内涵作不同的界定。

(一)完全契约与企业控制权收益

在完全契约中,每一种收益如何进行分配都已经在契约中有了规定,因此不存在任何的可以被视为所谓的"剩余"部分。也就是说,一个完备的契约意味着所有的收益权和控制权都契约化了,没有剩余存在。[1] 不存在什么剩余,也就没有剩余控制权存在的空间和可能性,这种情况下的明晰控制权,即可以被描述的那部分权利就是企业控制权的全部内涵。而在契约中已经被规定好的各种收益,就可以被视为控制权的全部收益。参与企业的各方不需要对控制权进行相应的利益争夺,更不需要根据各方的实力进行谈判,分出个你强我弱来。所以,在完全契约条件下,企业控制权的收益就是明晰控制权收益。

---

[1] 张维迎:《所有制、治理结构及委托—代理关系——兼评崔之元和周其仁的一些观点》,《经济研究》1996年第9期。

(二) 不完全契约与企业控制权收益

与完全契约不同，在不完全契约中控制权被分成两个部分，明晰控制权和剩余控制权。同时，企业控制权的收益也可以分成两部分，一部分收益可以明确写进契约，这部分收益与完全契约下的收益是相同的。什么样的收益可以被写进契约呢？阿尔钦和德姆塞茨认为，企业本质是团队生产，企业的创造、存在和发展必须依赖于企业能够创造出大于每个成员单干的收益，而这个大于团队成员的保留收入的部分，就是团队合作创造出来的组织租金。在这个意义上，可以被写进契约的那部分收益就是企业参与者的保留收入，因为这是各个参与者参与企业生产的最基本约束条件，如果长期不能满足这个条件，那么企业这种生产方式就会被放弃。所以，能够写进契约的收益，我们称之为明晰控制权收益。就是企业中各要素所有者参加企业契约的基本收入，即所有成员的参与约束条件，这是作为企业契约参与者的基本权利。通常情况下这部分收益是固定不变的，但可能会在短期内企业发生亏损的情况下有一定程度的减少。所以，在不完契约中的明晰控制权收益与完全契约中的明晰控制权收益是不同的，完全契约条件下，可以被契约描述的收益是控制权的全部收益，不存在变化的可能性，是固定的收益；而在不完全契约中，在短期内有减少的可能性，明晰控制权收益却在长期内必然满足参与约束条件，可以说这是一种稳定的收益。

企业控制权收益的另一部分是不能够被契约描述，即剩余控制权收益。企业能够创造出大于每个成员单干的收益是企业存在和发展的基础。这是企业各方参与者对于自己收益的更高要求，是企业成员所真正争夺的对象，并且这部分收益决定着参与者的总收益。这部分收益是通过对企业控制权争夺来实现的。由于其不可描述性，其收益不是固定不变的。在不完全契约之下的企业控制权收益，主要是剩余控制权收益。

企业控制权收益分为保留收入和组织租金。保留收入指在契约中规定的必须支付的给企业参与者的固定的或浮动的报酬。组织租金是指在契约规定的保留收入之外的一个额外的收益。二者之和就是企业契约的总收益。其中的保留收入就是前文提到的成员参与的约束条件，即基本收入，而组织租金则是在事前契约中所描述不了的那部分收益。这样的安排使利益的来源与划分也很明确，企业参与者投入各种要素进行团队生产的目的是在获得保留收入的基础上，争夺组织租金以获取实际的收益和好处。

二　企业控制权收益的分配

产权理论指出，由于契约不完全导致剩余控制权的出现，而剩余控制权直接来源于对物质资产的所有权，也就是企业所有权。资产越多，外部的选择权就越多，在企业契约中的谈判力就越强，从而得到的剩余就越多，因此也就具有更积极的专用性投资。通常来说，企业剩余就是通过团队生产创造的组织租金。因此，从产权理论角度来说，是将收益与风险对等，这样才能够有足够的投资激励。组织租金是企业控制权收益中最重要的部分，能否获得组织租金是决定事前专用性投资的关键。而中间的专用性投资，则作为投资者能够获得控制权和组织租金的关键环节。

（一）专用性的内涵

专用性（specificity）含义的最早表达可以追溯到德国历史学派的创始人李斯特（G. F. List, 1841）的观点，在他的研究中专用性是用来描述人力资产的特征的一个概念。李斯特认为，人的经验、习惯和技术，在失去了本业以后，一般就会大部分不复存在。马歇尔认为，准租金是资产的价值超过资产残值，也就是维持资产运营的费用，而一种资源的组合准租金则是依赖与其他专用性资源的持续联合生产而产生的准租金部分。[①] 马歇尔使用两个涉及相互专用性投资例子来说明准租金的含义。房租分别属于地基和建筑物本身；水力轧钢厂的租金分别属于建筑用地的租金和其所使用的水力的租金。他指出，如果水力和土地归属不同的人所有，对这种组合准租金的分割不仅会非常困难，而且很麻烦，甚至导致不再继续投资。马歇尔只是通过探讨组织租金问题涉及专用性的概念，并没有深入研究。对专用性深入的研究是在新制度经济学的不完全契约理论中进行的。

专用性是与通用性相对的概念，是用来描述某一种企业资产所具有的特殊性质。资产专用性是指某种资产被其他使用者用于其他可供选择的用途而不牺牲其生产性价值的程度，而与之相对的通用性是指某种资源可以随意选择用途而不牺

[①] Marshall, Principles of Economics, London: Macmillan, 1920. Masten, Meehan, and Snyder, The Cost of Organization [J]. Journal of Law, Economics, and Organization, 1991 (7): 25.

性其生产价值的性质,资产的通用性意味着可以无成本或者以很小(甚至可以忽略不计)的成本转移其用途。对于专用性的推崇首先是从不完全契约理论中以交易费用理论开始的。这个概念强调企业在防范机会主义,保护交易各方利益,尤其是专用性投资,以及实现交易成本最小化方面。

(1) 交易费用经济学对专用性的认识

威廉姆森强调如果没有资产专用性,交易费用经济学就将缺少说服力。资产专用性是交易费用经济学的理论基石。威廉姆森通过以下几点对专用性的重要性进行分析[1]。威廉姆森将专用性投资分为六类:一是位置专用性;二是物质资产专用性;三是人力资产专用性;四是特定资产专用性;五是品牌资产专用性;六是时间专用性。威廉姆森同时指出,这六种投资都是专用于某一交易伙伴,一旦双方交易无法继续,这些资产的价值将丧失,之后,他对专用性的概念作了以下论述。

首先,资产专用性是指资产交易的专用性。不同的交易具有不同的特性,特质性交易不仅要求专一性而且还要求交易专用的专一性。其次,资产专用性同沉没成本有一定关系。通常,专用性资产一旦形成,如果不能发挥作用,它的价值就无法收回。可以说,这类成本一旦投入就将成为企业的一部分,与企业共存亡,如果企业倒闭,那么这些资产的全部或者部分将成为"死去"的资产。原因是资产专用性问题是起源于契约执行期间的问题,如果契约不能按预期执行或契约终止,专用

---

[1] 威廉姆森:《资本主义经济制度——论企业签约与市场签约》,商务印书馆2002年版,第97页。

性资产不可能在资产价值不发生损失的前提下改变其用途,但对于通用性资产来说不会遇到这个难题。再次,资产专用性具有一种锁定的性质。一旦关系专用性投资做出,在一定程度上就已经锁定了企业契约内各参与者之间的关系,契约关系就会发生本质上的变化,订立契约前的竞争就会被事后的垄断所取代,从而为"敲竹杠"提供可乘之机。专用性投资使投资者对增强其合作伙伴的依赖程度,也就是专用性越强依赖性就越大,专用性投资较强的一方遭受机会主义行为侵害的可能性就越高。最后,专用性的理论基础是不完全契约。专用性资产投入的是一个具有不完全性的企业契约。在契约完全的情况下,与投资有关的各种利益与责任都可以进行描述,不存在"敲竹杠"等机会主义风险,那么专用性的概念也变得毫无意义。但在不完全契约中,合作双方的交易细节不可能被事前描述,这样交易双方的投机行为会造成谈判和履约过程变得更加艰难,这就在一定层面上使双方相关的专用性投资无法实现最优。因此,出于降低交易费用的考虑,纵向一体化是必然的选择。各种交易中由于专用性强弱的不同,会产生不同的交易费用,所以就需要通过不同性质的契约进行解决,以防止专用性投资被对方敲诈。

(2) 产权经济学对专用性的认识

交易费用经济学对专用性的认识已经相当深刻,产权经济学则把这种认识更多地应用在了契约的事前激励上,更加强调对这种专用性资产的保护。由于契约不完全所导致的剩余控制权是直接来源于物质资产,一旦发生契约规定之外的事件,掌握剩余控制权的一方就会做出关键性的决策,并实际决定处理意外事件的方案。并且拥有剩余控制权的一方在分享组织剩余时占有优势地位，即通过剩余控制权可以优先占有组织租金。专用性资产能够获得组织租金的基础来源于物质资产的谈判力。

(二) 企业契约中谈判力基础

在企业契约中，谈判力的大小决定了其是否能够拥有控制权并且在企业内占据主导，从而在组织租金的分配中占据优势地位，同时也就意味着是谁在控制着整个企业。企业控制权收益的分配是通过企业控制权的争夺实现的，控制权的争夺主要体现在以实力为基础的谈判之中。谈判通常是指有关各方就共同关心和面对的问题互相磋商，交换意见，寻求解决的途径和达成协议的过程。不完全契约下的企业契约谈判属于竞争型谈判，实力是决定最后是否占据优势的决定因素。我们抛开产权理论结论的限制，分析一下企业中究竟什么样的资产具有较强的谈判力。

(1) 企业契约中的谈判力

对于资产拥有者来说，实力或谈判力来源于两个方面。首先，资产在企业中是不可或缺和关键的，一旦企业失去这种资产，将会造成企业团队生产力下降、创造组织租金能力降低，甚至会导致企业组织解体；或者说，专有性资产是一个企业或组织发生、存在或发展的基础，它们的参与状况直接关乎企业创造组织租金的多少和其他团队成员的价值。[1] 这种关键性可

---

[1] 杨其静：《合同与企业理论前沿综述》，《经济研究》2002 年第 1 期。

以用核心性来形容。如果把企业比作一辆汽车的话，那么这类关键资源就是汽车的发动机。例如，生产某产品的核心知识产权，生产某种产品的生产线，掌握企业获得商机的特殊关系的人，等等。其次，这类资产难以在市场上寻找替代资源，可能是这种资源的市场未发育成熟，或者即使市场机制健全，而资源本身是稀缺的，同样它也可以成为关键资源。亚当·斯密曾提出一个例子用以说明事物的关键性和价值之间的关系，他指出世界上没有比水更有用处的事物，但水却极难购买或者换取任何其他被占有的事物；相反，一块钻石几乎没有实际的用处，却有极大量的其他经常可被占有的事物用来与它交换。我们抛开对生产用途的关注，仅探讨两种物品的相对重要性。例子中通过用交换来比较，就是通过价格作为标准来比较水与钻石的重要性，钻石肯定比水要占有优势。尽管水的用处更大，生产生活中到处都缺不了水，但水却可以轻易地得到。钻石虽没有什么实际的用处，却因为稀缺而显得重要。

对于合作者来说，企业内其他的资产对于自己是否重要，取决于对手的退出给自己带来的成本，这个成本正是与稀缺性与核心性相对应的两类成本，即稀缺的（有可能是无法找到替代者的资源）寻找难度极大的成本，和对于生产是核心和不可或缺的导致生产停滞的成本。更重要的一个因素是自己是否进行了专用性投资，如果自己进行了大量的事前专用性投资，无论对方是否多么关键，多么稀缺，一旦退出将使自己的专用性资产成为难以转为他用的物品，价值大大降低甚至有可能导致所有的价值消失殆尽。所以，对于合作的一方来说，更重要的是自己所进行的投资和专用性相对强度。

（2）对专用性的反思

不完全契约理论关于企业组织租金分享的设计是不合实际的，尤其是GHM理论模型认为进行事前专用性投资相对较强的一方，在事后获得控制权和组织租金的结论是不切实际的，尤其是在依靠实力的谈判中获得优势很难实现。如果从社会福利最大化或者最优制度设计的角度来看，GHM的观点是正确的，但从实证的角度来看，专用性投资在事后往往可能会降低投资方的谈判力，以至于在事后谈判中丧失组织租金分享中的优势地位。那么专用性作为激励事前专用性投资的重要概念，在事后能够推出什么结果呢？作为专用性投资的所有者能够要求获得明晰契约控制权收益，也就是参与投资的约束条件——保留收入。另外，作为企业生产的下注者，他已经将自己专用性投资投入企业契约中，由于所投入的资产已经被锁定，在一定程度上承担着资产被套牢及企业失败的风险。所以，他们的收入还包括足够的"风险佣金"。风险佣金的概念最早是由科斯在1937年提出的，出现在他对奈特的批评中。奈特认为在企业中承担风险者就应该获得控制权，而科斯认为风险承担多数情况下并不能得到控制权，取而代之的是由相应的风险佣金来平衡。现在看来，承担风险者并不是没有获得控制权，而是没有获得能够让其在组织租金分享中占有优势地位的那部分控制权。理论上专用性资产投资者并不能主导组织租金的分配，现实中他们还是会获得一定的次优收益，也就是明晰控制权收益加上去除被剥夺可占用性准租金后剩余的一部分收益，即风险佣金。

通过对专用性的反思我们可以发现，专用性推导出来的控制权并不能够帮助企业契约参与者获得在组织租金分配方面的优势地位，只能推导出当事人拥有部分明晰控制权收益和风险佣金的权利。GHM理论模型如果取消对事后谈判力不变的假设的话，那么其理论将会陷入无法自圆其说的困境。

三 企业控制权收益与专有性

如果专用性投资一方因为丧失谈判中的优势地位，丧失企业组织租金分配的主导权，那又有谁拥有这种优势地位来主导分配呢？什么才是获得企业控制权收益或组织租金的关键？许多经济学家已经注意到这个问题，并进行了一定的研究。

（一）专有性的内涵

克莱因（Klein）等指出，那种由"专用性"推出的"控制权"是指下赌注者对其他团队成员的机会主义行为实行监督的权力，其目的是防止专用性投资的"准租金"被剥削。[1] 国内学者张维迎、杨瑞龙和杨其静等也进行了探讨。其中有代表性的是杨瑞龙、杨其静的研究。杨瑞龙、杨其静认为，在没有附加条件的情况下，专用性投资不仅不会增加反而会削弱当事人的谈判力，因为当事人的退出的威胁不可置信。人们之所以要创造企业（或组织），并且企业能够存在和发展，无非是这种组织能够创造大于每个成员单干的收益（或保留收益），因此企业的本质和核心内容是关于组织租金的创造和分配问题，

---

[1] Klein, B, et al. Vertical Integration, Appropriable Rents and the Competitive Contracting Process [J]. Journal of Law and Economics, 1978 (21): 691.

分享剩余索取权和控制权基础不是资产专用性,而是资产专有性。同时指出,专有性资源是指那些一旦从企业中退出,将导致企业团队生产力的下降,组织租金减少甚至整个企业组织的解体,或者说专有性资源是一个企业或组织发生、存在或发展的基础。① 他们在研究中列举了四个例子来说明专有性资产的特征,如拥有发现并能组织现有某种市场获利机会的企业家,掌握某种能带来巨大商业利益的人(如重要专利所有者),在货币资产稀缺的环境中掌握大量货币资产的人;掌握能带来大量商机的特殊社会关系的人(如某些高干亲属)。这些人的特征都是其资产既有通用性又具有专有性的特征,并且通常情况下这类极端的专有性资源处在一个特殊的市场中,这个市场没有发育成熟,或是一个近似的卖方垄断市场。具有以上描述特征的资产被称为专有性资产,这类资产在企业起到核心的作用。专有性资源的性质使其所有者处于一种相对的垄断地位,并可以凭借这种地位获得组织租金分配方面的优势,因为它可以通过威胁退出企业契约而实现这种要求。专有性的概念与专用性的概念并不冲突,下面分析一下专用性与专有性之间的关系。

(二) 专用性与专有性的关系

专用性与专有性是两个完全不同的概念,二者的关系可以归纳为以下几点。

第一,专用性概念是对应某种资产进入企业契约后的一种

---

① 杨瑞龙、杨其静:《专用性、专有性与企业制度》,《经济研究》2001年第3期。

状态。这种状态是大多数资产进行投资的最基本要求，之所以企业异于市场，主要特征就是可以通过团队生产创造组织租金，而组织租金只有在团队合作的前提下才能实现。团队生产意味着契约参与各方必须在生产中进行合作，只有各方参与者都将自己的部分资产进行专用性投资，才可能将这些资产融合在一起，形成合力创造企业组织租金。因而，在企业契约内，并不存在绝对意义上的专用性的资产。

第二，专有性是一个相对的概念。单独一种资产是无法体现出其专有性的，只有在企业契约内，一种资产相对于契约中的其他资产更被团队生产所需要并且难以替代，才会体现出其专有性。专有性概念并不与专用性概念相矛盾，二者不是绝对互相抵触的概念。事实上，很多专有性的资产是具备一定专用性的。现实中多数的专有性资产也是专用性资产，也就是这种资产首先与其他资产互相依赖的，但相对而言这种资产更加的关键和难以替代。

第三，二者功能不同。专用性是大多数企业契约内资产所具备的性质，并导致一个团队内各种资产是相互依赖、相互专用并且相互需要的。在一种资产威胁退出企业的同时另一种资产也可以进行相同形式的威胁，所以各种资产在这种状态下互相威胁的可能性大大降低，取而代之的是互相之间的妥协与合作，即使是一种专有性资源，同时具备专用性，也不会轻易地威胁其他参与者。专用性更多的起到的是一种组织稳定剂的作用，它的存在使得企业契约更加的稳定，各参与方不会轻易地使用机会主义对合作伙伴进行"敲竹杠"。因此，具有专用性的资产在企业中可以获得部分控制权，也就是那种具有基本功能的控制权。而专有性资产所有者可以依据其优势在组织租金分配中获得优势，但与之相对应的是他必须在企业中承担更多责任。也就是说，在企业的生产和发展中，具有专有性资产更多的是起到把握企业的发展方向及做出重大决策的作用，专有性资产可以获得具有战略功能的企业控制权。

第四，不同资产专用性与专有性所体现的速度不同。在企业控制权的来源部分，我们提出过专用性呈现速度的概念，是指在进行企业投资之后，不同属性的资产其专用性呈现是需要一定的时间，并且通常情况下物质资产的专用性呈现速度要快于人力资产。专有性也同样具备呈现速度方面的差异，由于物质资产是没有生命的，其专有性是固定不变的，在企业契约签订之初就可以确定其是否具有专有性，通常情况下其稀缺性是由市场情况决定的。人力资产的专有性呈现速度则显得慢一些，人力资产是一种"活"的资产，是可以不断变化和调整的资产。投入企业之后，人力资产会根据企业的具体状况逐步进行调整，可能刚刚进入企业时并不具备太强的专有性，但经过人力资产的继续投资，如学习、培训、干中学等方式，可以进一步加强其专有性。专有性呈现速度方面，人力资产同样略慢于物质资产。

专用性与专有性二者是相辅相成的，各有分工的两种不同性质的资产，在企业控制权的收益分配中起到不同的作用。

本章的题目为企业控制权的收益，但实际上这部分更多的是对企业控制权收益相关理论基础的考察与反思，例如对谈判问题、专有性、专用性以及二者的关系等，最后我们做一个讨论性的总结。

首先，剩余索取权并不是一个非常清晰、科学的概念。剩余索取权是指对企业总收入扣除合约支付后的剩余额的要求权[①]，在效率的要求下，控制权必须与剩余索取权相对应。虽然大多数研究认为企业理论的一个核心问题就是组织租金或者合作剩余的分配问题。[②] 但对于剩余概念并不是十分的清楚，在剩余索取权概念中的剩余是指企业收益在支付了各种按事前合约规定的固定或浮动报酬，也就是所谓的"合约收入"[③]之外的剩余。在这种情况下，获得控制权的人可以获得全部的剩余收入，即拥有剩余控制权，而其他参与者只能拥有合约收入。这是与现实完全不符的，没有哪个参与者只为了获得合约收入而签订企业契约，付出自己的专用性资产为控制权所有者甘当"炮灰"。拥有控制权的参与者则是一个"独裁者"，他不仅拥有对企业发展的绝对控制，同时又绝对地拥有全部剩余。控制权与剩余索取权的界定可以使企业内部的各种关系变得明了和简单，剩余收入与合约收入的界定更多的是从会计学和法学的角度进行的，虽然这样可以更多地强调会计风险与不确定性，同时也更符合现有的法律标准，但却无法揭示出企业契约的本质，这种不合理的解读只能造成现实企业中出现更多不和谐的现象。所以，本书建议放弃剩余收入、合约收入及剩余索取权的原有含义，从现实世界出发，转向对不同功能的控

---

① 于桂兰、袁宁：《人力资本分享剩余索取权与控制权——基于制度演化的知识分析》，《吉林大学社会科学学报》2005年第2期。

② Luigi Zingales. Corporate Governance, in The New Palgrave Dictionary of Economics and the Law [M]. London: MacMillan, 1998: 187.

③ "合约收入"指的是要素所有者参与企业契约的约束条件，即本书所讨论的明晰控制权收益。

制权和不同类型的控制权收益的研究。

其次，虽然产权理论中 GHM 理论模型构架和结论是完美的，但许多经济学家认为 GHM 的理论适用范围过于狭窄，只适合于解释古典企业中的企业问题，对于所有权与控制权分离的现代企业中出现的更加复杂和多样化的问题，并不能做出合理的解释。通过专用性与专有性的分析似乎是一条解决的途径，大量物质资产可能具备的只是专用性，现代企业中对于企业的协调与管理已经成为非常关键和核心的要素，具有这方面人力资产的企业契约参与者通常可以依据其人力资产的专有性获得企业中具有发展功能的控制权，而进行物质资产投资的大量分散投资者仅获得保留收入和部分风险佣金的基本收益。

最后，通过对专用型与专有性呈现速度的分析，我们可以发现专用性在解释物质资产的特征方面更具优势，而专有性则更适合于解释人力资产。在现实的企业中，尽管许多资产都是出于相互依赖、共同合作的状态，其专用性与专有性体现的并不是十分清晰，但极端的专有性资产，都是人力资产。因此，我们认为使用资产的专用性与专有性两个概念是存在一定适用范围的，并且有可能影响理论的发展方向，所以这两个概念仍需进一步深入的考察与研究。

第八章 企业控制权配置研究

本章首先对国内外已有研究进行文献梳理,并进行评析。之后研究企业控制权配置的原则、配置方式即控制权配置中的转移问题。

一 企业控制权配置研究综述

(一) 国外企业控制权配置研究综述

国外控制权配置的研究,主要针对控制权配置与企业效率问题、控制权在财富资产所有者与企业家之间的配置以及影响企业控制权配置的因素进行分析,研究方法以静态和动态的实证分析为主。

格罗斯曼、哈特及莫尔开创的 GHM 理论范式长期主导控制权配置理论研究,在解释企业内部权威时,他们倾向于探讨在企业设立之初的控制权配置。哈特 (2001) 等指出,由于现实中契约不完全以及控制权私有收益的存在,跳过重要的控制权因素,仅从现金流视角来研究各方利益分配和激励问题得不到令人满意的答案。① 阿吉翁（Ahgion）和博尔顿（Bolton）开创性地把控制权配置作为决定企业价值的一个决策变量来分析，在不完全契约前提下，研究了受财富约束的企业家与有无限财富的资本所有者之间的控制权配置规律：如果一方的个人利益与总利益不是单调增长的，那么就应该将控制权转移给对方；如果双方的利益都不与总利益单调增长，那么相机控制是最优的。同时，也发现控制权配置不仅对企业家和所有者的个人收益产生影响，而且还会影响企业的价值。控制权动态转移机制，将控制权视为以"0，1"方式进行离散分配的，即投资者或者经营者一方拥有全部控制权，而一旦业绩信号发生变化，则控制权会全部转移给另外的一方。但阿吉翁和博尔顿仅停留在探究控制权配置对企业价值的影响上，并没有对控制权的来源及其决定因素进行深入的分析。② 随后哈特等人进一步研究，认为经营者与投资者之间或不同投资主体之间的关系是动态而不是静态的，这一关系随着时间的推移将会出现一些不可预测的事件，而这些事件在双方的初始交易或契约中是不能轻易被预测或列入契约条款的，此时谁拥有控制权将显得非常重要。③ 阿吉翁和博尔顿等提出的控制权配置的完全快速转移观点在现实生活中很少会出现。德赛恩（Dessein）构建了企业控制权的连续变量分配模型，他在强调控制权可以相互分享

---

① Hart, O. Financial Contracting [J]. Journal of Economic Literature, 2001 (4): 1079.
② Aghion, P. and P. Bolton. An Incomplete contract Approach to Financial Contracting [J]. Review of Economic Studies, 1992 (3): 473.
③ Hart, O. Firm, Contract and Financial Structure [M]. Oxford: Oxford University Press, 1995: 256.

的同时，却又将控制权视为静态配置。①基里连科（Kirilenk）对创业投资家与创业企业家最优控制权分配，以及影响创业企业中控制权配置的因素进行了分析：在一般情况下，创业企业的控制权不会简单地由某一方独自享有，而是双方进行博弈的结果。②瓦乌赫科宁（Vauhkonen）则将控制权配置的两个因素结合起来，提出了连续且相机转移的控制权配置模型，结果显示，如果绩效信号显示为坏，投资者获得全部控制权；如果信号质量为"中"，则缔约双方共享控制权（联合控制）；如果信号显示为"好"，则企业家保留全部控制权。③施密特（Schmidt）进一步提出了状态依存控制权配置，认为尽管现实中我们无法直接根据自然状态来确定控制权配置，但通过将控制权和现金流权联结起来，就可以实现自然状态的隐性契约化。④拉詹（Rajan）和津格莱斯（Zingales）的研究表明，内部控制权配置与管理科层和资产配置有关。⑤梯若尔（Tirole）等人放弃了抽象意义上的"剩余控制权"概念，认为实际控制权的配置应该与信息和知识的分布相对称，也就是说控制权应该配置给掌握信息和知识的人，这样可以降低控制权配置的成本。

---

① Dessein W. Information and Control in Alliances and Ventures [J]. Journal of Finance, 2005 (3): 2513.

② Andrei A. and Kirilenko. Valuation and Control in Venture Finance [J]. Journal of Finance, 2001 (2): 565.

③ Vauhkonen. Financial. Contracts and Contingent Control Rights [EB/OL]. 2003, http: //www. ssrn. com.

④ George Gebhardt and K. M. Schmidt. Conditional Allocation of Control Rights in Venture Capital Finance [EB/OL]. (2006): http: //www. ssrn. com.

⑤ Rajan R and Luigi Zingales. Power in a Theory of the Firm [J]. Quarterly Journal of Economics, 1998 (2): 387.

(二) 国内企业控制权配置研究综述

企业控制权的合理配置不仅可以减少机会主义行为，更重要的是它可以提升企业竞争能力，并且可以获取和维持持续竞争优势。国内企业控制权配置的研究，主要表现在以下几个方面。

（1）企业控制权配置研究

国内相关企业控制权配置研究，多以所有权为研究起点，主要探讨物质资产、人力资产以及利益相关者在企业中各自的重要性，以说明企业控制权的配置方式。在这类研究中，有三种主要的理论，一是资本雇佣劳动的控制权配置理论；二是劳动雇佣资本的控制权配置理论；三是企业利益相关者的共同拥有控制权理论。

第一，资本雇佣劳动的控制权配置理论。张维迎（1996）指出，让物质资产所有者作为风险承担者掌握企业剩余索取权与控制权，即"资本雇佣劳动"[1]。决定生产要素相对重要性的标准是资产的风险抵押性，能够承担风险抵押功能的资产重要于不能够承担风险抵押功能的资产；相对于人力资产而言，物质资产更能够承担风险抵押功能，因此企业的控制权应配置给物质资产所有者，从而形成"资本雇佣劳动"式的所有权结构。[2]

第二，劳动雇佣资本的控制权配置理论。杨瑞龙、周业安（1998）以及方竹兰（1997）论证了在企业中控制权应主要或部分配置给人力资产所有者。决定生产要素相对重要性的标准是资产的专用性和专有性，具有专用性和专有性特点的资产重要于通用

---

[1] 张维迎：《博弈论与信息经济学》，上海人民出版社1996年版，第422页。
[2] 张维迎：《所有制、治理结构和委托—代理关系》，《经济研究》1996年第9期。

性和非专有性特点的资产;相对于物质资产而言,人力资产更具有专用性和专有性,因此企业的控制权应主要或者部分配置给人力资产所有者,从而形成"劳动雇佣资本"式的所有权结构。①

人力资产密集的高新技术企业,人力资产的实力、稀缺性、唯一性均强于物质资产密集型传统行业的企业,所以前者人力资产所有者获得控制权多于后者。同时,企业控制权配置也应该考虑行业特点。②

第三,企业利益相关者的共同拥有控制权理论。杨瑞龙、周业安(1997)的研究认为,企业是"一个难以被市场复制的围绕关键性资源而生成的专用性投资网络",物质资产并不是企业唯一的关键资源。除投资者外,其他与企业的相关方,如供应商、顾客、企业经营者、员工等都承担了企业经营的风险,同样在承受着企业收益的不确定性。因此,基于风险与控制权相匹配的配置原则,企业控制权应由这些利益相关者共同掌握。③郝宇、韩文秀(2005)通过引入控制权连续变量,研究了创业投资家与创业企业家之间最优控制权分配的均衡解。④

上述第一种观点是把企业控制权和剩余索取权配置给物质资产拥有者,其理论依据为:风险偏好假设、资产专用性和团队组织的生产特征。第二种观点是把企业控制权和剩余索取权配置给企业人力资产所有者,其理论依据为,人力资产的产权

---

① 杨瑞龙、周业安:《论利益相关者合作逻辑下的企业共同治理机制》,《中国工业经济》1998年第1期。
② 王月欣:《从动态博弈视角看企业控制权的配置》,《南开经济研究》2004年第4期。
③ 杨瑞龙、周业安:《一个关于企业所有权安排的规范性分析框架及其理论含义》,《经济研究》1997年第1期。
④ 郝宇、韩文秀:《风险企业控制权配置研究》,《天津大学学报》2005年第2期。

特征和知识经济对人力资产的高度依赖。第三种观点是把企业控制权和剩余索取权配置给企业所有参与人，其理论依据是，合作均衡理论和道德规范要求。①

（2）企业控制权最优配置研究

前文提到的企业控制权配置相关研究是关注控制权应该归谁拥有的问题，另外一些学者则关注控制权如何在不同主体之间实现最优配置，以及对配置产生影响的主要因素。

张明（2008）将控制权视为企业治理的核心问题，指出控制权的配置格局与企业绩效密切相关。② 安实等（2002）用博弈论方法分析了创业企业控制权在创业投资家与创业企业家之间分配的博弈过程，得到的结论是，双方进行创业企业控制权分配博弈的根源在于委托代理关系所引起的目标函数不一致性。③ 许红军、田俊改（2007）通过建立创业企业控制权最优分配模型，研究了创业企业控制权如何在创业投资家和创业企业家之间实现最优的分配。他们发现以创业投资家为代表的董事会应获得与战略管理相关的控制权；以创业者为代表的经营层应获得与日常相关的管理控制权。同时，加强创业企业管理信息系统建设，实行扁平化的组织结构，完善信息传递渠道，建立高效的激励约束机制，并且建立起有效的激励和监督机制。④ 王月欣运用罗宾斯坦的轮流叫价谈判模型对企业控制权配置进行了动态分析，认为企业控制

---

① 刘冰：《企业权力争夺与企业治理》，《中国工业经济》2002年第4期。
② 张明：《乡镇企业控制权配置变迁路径分析》，《农业经济》2008年第6期。
③ 安实、王健、何琳：《风险企业控制权分配的博弈过程分析》，《系统工程理论与实践》2002年第12期。
④ 许红军、田俊改：《创业企业控制权配置模型研究》，《中国民航大学学报》2007年第8期。

权的唯一子博弈精炼纳什均衡结果取决于物质资产所有者与人力资产所有者的耐心程度。耐心程度取决于物质资产与人力资产的实力、稀缺程度、专用性、唯一性和流动性。颜光华等（2005）认为资产专有性才是企业控制权的源泉，资产专用性和专有性是资产的二重性，企业内部控制权在物质资产所有者与人力资产所有者之间分配取决于两者资产的专有性强弱，而不同资产所有者对企业控制权的实现形式取决于其资产拥有者行使控制权所获得收益和付出的成本大小。[①] 苏芝（2004）的研究发现，构成企业的各种契约的风险大小是企业向不同参与者配置权利的最佳标准，企业的控制权应归属于承担着企业最大风险的参与者，这是配置控制权必须遵守的原则。[②] 曾楚宏等（2008）跳出传统思维模式，从资源基础观的立场重新研究企业控制权问题，指出企业的控制权配置行为不仅是节约交易成本的效率性行为，同时也是追求持续竞争优势的战略性行为，企业中各要素所有者根据自己所掌握的资源是否具备成为战略性资产的充要条件而进行讨价还价来配置控制权。由于在企业成长的不同阶段符合战略要求、能够成为战略性资产的资源并不相同，由此导致了企业的控制权配置是一个动态演进的过程。[③] 覃家琦（2008）以企业管理科层作为背景，探讨管理科层中控制权的配置。他假定企业"稳定且规范运行"，根据控制对象将控制权划分为非人力资产控制权和人力资产控制权（即

[①] 颜光华、沈磊、蒋士成：《基于资产专有性的企业控制权配置》，《财经论丛》2005年第2期。

[②] 苏芝：《试论企业控制权的最优配置》，《经济师》2004年第9期。

[③] 曾楚宏、林丹明、王斌：《基于资源基础观的企业控制权配置论》，《中南财经政法大学学报》2008年第5期。

决策控制权），企业非人力资产配置取决于管理结构的设计，而决策控制权的配置依附于管理结构从而具有层级性，程序性决策权被捆绑于岗位从而与个人相对独立，非程序性决策权则受到个人的强烈影响。[1] 李美清（2007）认为，企业控制权配置效率体现在两个方面，即合格的控制权主体和控制权的有效运用。前者是关于代理人选择，后者是关于代理人的监督与激励。因此，要优化国有企业控制权配置，就须从国有企业控制权和经营者选择机制的市场化以及健全市场机制两个方面着手。[2] 以上学者的观点虽然迥异，但其研究问题的逻辑基础却是十分相近的，那就是从生产要素自身所具备的性质来寻找相对重要性的标准，通过不同标准的选择对企业控制权的配置进行研究。

企业控制权配置研究是企业控制权研究的重点。无论是基于何种基础的企业控制权都注重对控制权配置的研究，其主要原因是，企业控制权的配置决定着事后组织租金或剩余收益的分配。已有研究所基于的理论基础过于繁多，对控制权的定义五花八门，之后又进行了不同的分类，所以，对控制权配置的研究往往不能在同一个语境之下进行讨论和评析。从得出的结论来看，总体可以分成三种观点。将控制权配置给物质资产所有者、配置给人力资产所有者以及配置给利益相关者。

二 企业控制权配置的原则

企业控制权的配置是对企业控制权的具体使用。这种具体

---

[1] 覃家琦：《企业管理科层中的控制权配置》，《当代财经》2008年第11期。
[2] 李美清：《我国国有企业控制权配置优化探析》，《科技创业月刊》2007年第99期。

使用必须遵循一定的原则，才能够使企业控制权得到合理的使用并且达到预期目标。企业控制权配置主要有以下几个原则。

（一）效率原则

企业作为市场的对立面，无论是从节省交易费用还是从创造组织租金的角度来看，都是为了追求效率。这意味着在进行企业控制权配置的时候，要能够充分实现控制权的各种功能。具体来说，在获得明晰控制权基础上，最重要的是剩余控制权的配置效率，要让每个参与企业契约的投资者剩余基本控制权保证自己的基本权利。同时将剩余发展控制权配置给最具专有性的资产所有者，这样可以充分发挥其核心作用，创造更多的组织租金。组织租金是企业控制权效率优劣的衡量标准。一方面，通过企业各参与者的共同合作生产与合理的经营，实现企业组织租金的最大化；另一方面，在进行组织租金分配时要做到相对公平，以实现个体的控制收益权最大化。

（二）相对公平原则

企业控制权的配置要体现相对公平原则。作为企业团队的共同参与者，物质资产与人力资产都是控制权的重要来源，为团队生产做出不同的贡献。不能因物质资产对生产的粘结性作用，而过度强调物质资产的作用，而忽视人力资产。同时，也不能因人力资产是企业控制权的间接来源就忽视其重要作用，这是资产的本质所决定的特征，控制权的配置应该在物质资产与人力资产之间平等配置。但企业的本质是一个要求效率的制度组合，这种公平性原则必须体现在效率前提之下。所以，企业内控制权的配置是一种相对性的公平。同时，企业内权威配置的特征只能保证这种相对性，不能为了达到绝对公平而损失效率。

（三）动态原则

企业控制权的配置应始终保持一种动态原则，通过对专用性和专有性的比较所形成的一种竞争模式，驱动企业控制权的配置不断地在动态的变化。在企业内部，无论是专用性资产还是专有性资产都有一个呈现速度，都是处于不断变化的过程。尤其是专有性资产更是随着外部市场的变化而变化。所以当拥有剩余发展控制权的一种资产的专有性相比较另一资产的专有性相对下降时，这部分权利就应该转移给专有性相对较强的资产，只有这样才能够保证企业的效率和公平。也能够激发各投资者的积极性，尤其是人力资产所有者，会为了增强其资产的专有性而不断地进行人力资产投资。相反，一个固定不变的配置将会降低企业效率，无法激发参与者的积极性。所以，这种动态性原则是企业不断发展的基本保证。一个好的控制权配置所形成的是一个制度体系，在保证各方参与者的利益的同时实现组织租金的最大化。

三　企业控制权配置的影响因素

我们对企业控制权配置的研究依然建立在契约理论之上，认为企业契约的本质是由物质资产与人力资产所共同签订的一个不完全契约。企业契约中的明晰控制权已经在能够描述的条款中配置完毕，剩余控制权的配置决定企业的内部结构和类型。剩余控制权的配置取决于资产的专用性和专有性特征，下面我们分别针对物质资产和人力资产进行讨论。

（一）物质资产对企业控制权配置的影响

根据资产的专用性和专有性特征，可以将企业内物质资产分为四种：专用性强但专有性弱的物质资产，专用性和专有性都强的物质资产，专用性和专有性都弱的物质资产，专用性弱但专有性强的物质资产。

专用性强但专有性弱的物质资产。这种物质资产通常指企业中的不可变资产等一些具有沉淀成本性质的投资。这类资产虽然是生产中不可或缺的，但通常不具备专有性，也就是说不是关键的生产要素。同时因其较强的专用性导致其在谈判中不具有优势地位。专用性强但专有性弱的资产在控制权的配置中能够获得明晰控制权和剩余基本控制权。

专用性和专有性都强的物质资产。这类物质资产是企业生产的核心部分，同时又具有非常强的专有性。这类资产无疑会在企业中成为不可或缺的专有性资产，在谈判中具有一定的优势，可以获得企业的发展控制权。但围绕专用性和专有性都很强的物质资产所形成的企业通常是分享型企业，因为这种资产在拥有专有性的同时又具有很强的专用性，导致削弱了其谈判力。所以在分享企业剩余时，为了维持企业的生产和发展，其所有者会更倾向于与其他参与者共同分享。

专用性和专有性都弱的物质资产。这类物质资产通常其专用性不是很强，在企业生产中属于从属地位，并且可以轻易地在外部市场中寻找到其替代资产。这种资产无法在企业契约中起到主导地位。但因其进行了一定的专用性投资，仍可以获得明晰控制权和剩余基本控制权。在谈判中没有明显优势的这类资产，所分享到的企业组织租金份额相应很小。

专用性弱但专有性强的物质资产。这类资产没有很强的专用性，但却有很强的专有性，在生产中处于核心地位，很难在外部市场中找到其替代资产。这类资产通常在企业中处于绝对优势的地位，甚至是一种"独裁"的优势。现实中，这种类型的资产很少，因为通常来说，物质资产参与企业生产后很少能够有较低的专用性。因为物质资产作为企业的粘结物，与劳动结合时就决定了其必须进行专用性的投资。

（二）人力资产对企业控制权配置的影响

我们也可以将人力资产分成四种类型进行讨论，即专用性强但专有性弱的人力资产，专用性和专有性都强的人力资产，专用性和专有性都弱的人力资产，专用性弱但专有性强的人力资产。

专用性强但专有性弱的人力资产。这类人力资产具有很强的专用性，并不能成为企业生产的核心部分，可以在市场中找到替代资产。所以这类资产在企业契约中只能得到基本的明晰控制权和剩余基本控制权。在企业谈判中处于非常弱势的地位。

专用性和专有性都很强的人力资产。这类资产是企业团队生产的核心部分，很难对其进行替代，同时这类人力资产也不容易在市场中找到其他相同的企业契约，外部选择性很小。这类资产可以获得明晰控制权和剩余发展控制权。但与专用性和专有性都强的物质资产一样，在分享企业剩余时，为了维持企业的生产和发展，其所有者会更倾向于与其他参与者共同分享。

专用性和专有性都弱的人力资产。这类资产很难在企业中获得优势地位，可以在市场中轻易地寻找到其替代产品。在企业契约中这种参与者通常是从事简单劳动的员工。由于其专用性和专有性都很弱，所以通常来说这类资产不会承担企业的发展控制权，只能拥有明晰控制权和剩余基本控制权。

专用性弱但专有性强的人力资产。这类资产是知识经济条件下人力资产的主要特征，即资产具有通用性，同时这种人力资产所处的是一个卖方垄断的市场，企业一旦失去则会导致停止运行和解散的可能性，同时又很难在市场中寻找到替代资产。所以，这类人力资产可以在企业契约中获得剩余发展控制权，主导企业的发展方向，决定企业的命运。在剩余分配中可以处于绝对的优势地位。

（三）企业契约与雇佣契约

企业契约参与各方能够获得收益的一个依据就是承担财务风险，而在现实中雇佣契约却不必承担企业财务风险，收取固定收益。那么是否就可以将雇佣契约排除在企业契约之外呢？通过对物质资产、人力资产与企业控制权配置的关系分析之后，我们可以将雇佣契约视为是企业契约的一种特殊形式。

物质资产与人力资产的特性是不同的。人力资产通常专用性是很弱的，其专用性呈现速度也是相对较慢的，而人力资产的专有性的表现是强者占有主导地位，弱者则处于极度弱势。作为拥有剩余发展控制权的物质资产和人力资产在企业契约中承担多数风险，并拥有优势的地位，可以依据其地位对专用性和专有性都弱的人力资产进行"敲竹杠"。所以，雇佣契约的出现就是为了避免因这种机会主义倾向而可能引发的冲突。专用性和专有性都弱的人力资产在进入企业契约时，所签订的企业契约事先规定了其权利范围，通常是只针对生产中的某一环节进行操作即可，相对比较简单，并不会将其人力资产转化为物质资产的股权形式在企业契约中体现。与之相对应的是，在分配组织租金时，这类人力资产只收取固定的份额，并且不受企业组织租金多少的影响。通过签订这种特殊契约的目的是防止被"敲竹杠"。雇佣契约是在不完全契约中所订立的一个完全契约，是企业契约的特殊形式。这类人力资产所有者包括没有股权的经理人、普通雇员、一线员工等，这类资产所有者所投入的资产是比较简单且很容易在市场中寻找到的资产。雇佣契约中的人力资产所有者可以获得企业的明晰控制权，剩余基本控制权，而在收益上体现的是固定不变的工资形式，这就意味着雇佣契约不会出现围绕工资而进行的、各方依据在企业契约中的实力再谈判的行为，因为如果允许再谈判的话，吃亏的一方往往是这种专用性和专有性弱的人力资产。

（四）企业控制权配置转移

由于物质资产与人力资产专有性发生变化，从而会导致控制权的配置也不断地变化。企业发展的不同时期，控制权的配置也是不同的。

专有性是获得企业剩余发展控制权的关键，通常企业契约内不会只有一种专有性资源，获得最后主导地位的一定是专有性最强的资产。物质资产和人力资产的专有性呈现速度的不同，也会对企业控制权的配置产生影响。在签订契约之初，物质资产的专有性可以很快地体现出来，占据谈判的优势地位，并主导企业的发展。但随着人力资产的专有性逐渐显现出来，物质资产将不再有绝对优势的地位，转而形成物质资产与人力资产的共同治理阶段，如果人力资产体现出更高的专有性，那么将由人力资产拥有优势地位，拥有剩余发展控制权。

无论是在物质资产主导还是人力资产主导的企业中，通常情况下都是由物质资产首先获得主导地位。

（1）物质资产主导企业控制权配置转移

在物质资产主导的企业里，由于物质资产在生产中一直占据核心地位，拥有较强专有性。所以，企业剩余发展控制权不会发生转移，会一直主导企业的发展。下面结合图 8-1 进行更直观的阐述。

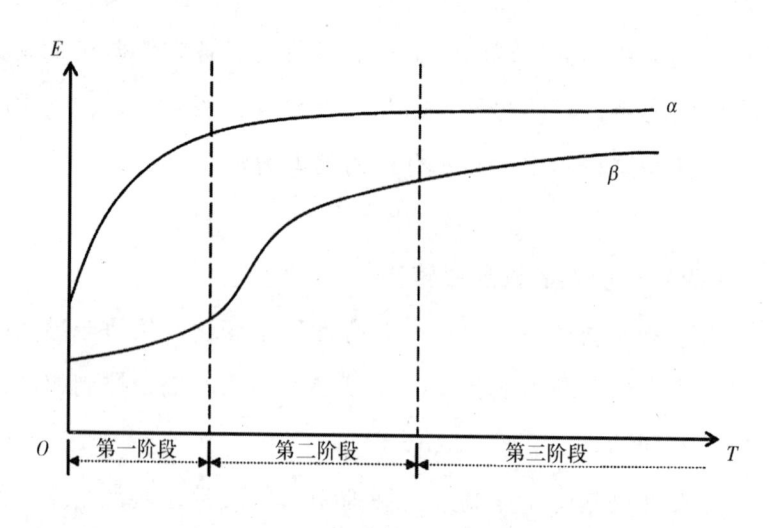

图 8-1 物质资产主导企业

假定专用性呈现速度为 E，专有性呈现速度为 S，T 为时间。假定各种投入企业契约中的要素，无论物质资产或人力资产，其专用性呈现速度 E 与专有性呈现速度 S 相等，即令 $E = S$。考虑物质资产主导企业，α 线代表物质资产的专有性呈现曲线，β 线代表人力资产的专有性呈现曲线。

在初始状态，即签订契约之初，物质资产的专有性大于人力资产；

在第一阶段，物质资产的专有性呈现速度大于人力资产的呈现速度，且物质资产在图中两条曲线的切线斜率相等时拥有最大的优势地位；

第二阶段中，人力资产的呈现速度增加，其专有性逐渐增大，而物质资产的呈现趋于匀速，其专有性趋于恒定，二者专有性的差距趋于减小；

第三阶段，人力资产的专有性呈现速度不再大幅度增加，而是趋于匀速，α 线将持续趋近于 β 线，直至平行。二者不会相交。

在物质资产主导企业中，人力资产的专有性始终低于物质资产的专有性，即后者始终拥有优势地位。

（2）人力资产主导企业中控制权配置转移

在人力资产主导的企业中，在初始阶段，人力资产的专有性无法很快地得到呈现。因为企业中可以创造巨大利润的人力资产，例如各种独特的创意、技术等都需要市场来进行检验，所以，在签订企业契约之初，人力资产所有者无法像物质资产所有者那样马上可以显示出其专有性，只好将剩余发展控制权配置给物质资产所有者，临时处于从属地位。当人力资产的能力和才能逐渐得到市场的认可，其获利能力在一定程度上成为市场上的公共信息，其专有性已经呈现出来的时候，此时物质资产所有者的专有性大大下降。虽然此时物质资产依然是企业发展所必需依赖的对象，但其继续参与或退出已经对企业的发展和存在没有太大的影响，可以用非常低的成本寻找到物质资产的替代资产，所以此时的物质资产已经沦为从属地位，失去了优势地位。此时的企业才成为真正意义上的人力资产主导的企业。下面结合图8-2进行更直观的阐述。

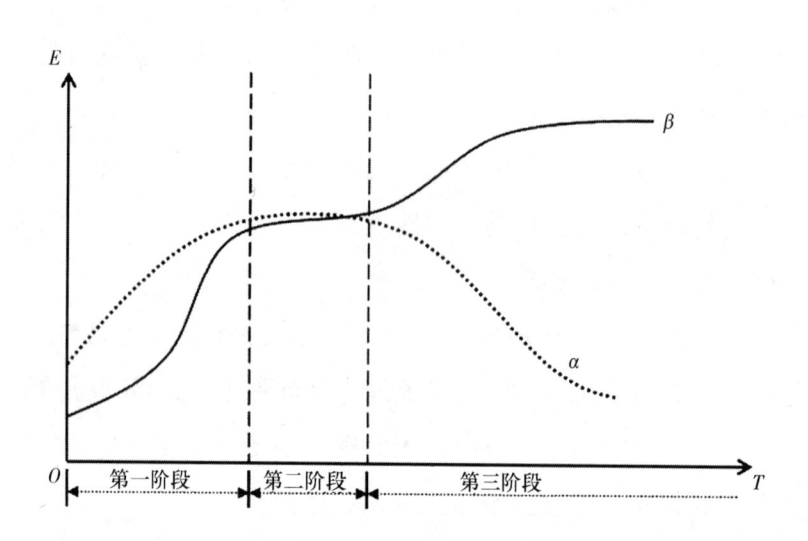

图8-2 人力资产主导企业

在初始状态，物质资产的专有性同样大于人力资产。

在第一阶段，物质资产的专有性呈现速度先是大于人力资产的呈现速度，并在两条曲线切线的斜率相等时，物质资产与人力资产的专有性之差最大，物质资产拥有最大的优势地位；而后，人力资产的专有性呈现速度逐渐增大，物质与人力资产的专有性趋近，直至相等，物质资产丧失绝对优势的地位。

在第二阶段，物质资产与人力资产的专有性呈现等速，阶段性均衡，从而导致物质资产与人力资产共同治理该企业。

在第三阶段，人力资产的专有性呈现速度大幅度增加，而物质资产的专有性呈现速度递减，前者的专有性反超物质资产，因此首获剩余发展控制权；随着时间的推移，人力资产与物质资产的专有性呈现速度不再剧烈变化，而是分别趋于匀速，此时，人力资产所拥有的发展控制权达到最大化。

在人力资产主导企业中，人力资产的专有性在第一阶段低于物质资产，而后经历了共同治理的第二阶段，最终在第三阶段占据谈判的优势地位。

总而言之，对于人力资产所有者来说，尤其是专用性和专有性较弱的人力资产，想改变自己在企业中的从属地位，唯一的途径就是不断地进行人力资产投资，提高自己人力资产的专有性。同时，企业要具有相当强的异质性，受到市场条件和技术条件的制约。对于企业控制权的配置来说，具体情况下的企业控制权有巨大的差异，这种巨大的差异导致无法对企业控制权的配置做统一的分析，只能针对不同企业类型分别对其控制权的配置进行具体分析。

第九章　中国国有企业控制权实证研究

在企业控制权概念研究一章中,我们将企业控制权的定义概括为:在企业契约内对企业生产、投资和市场运营和组织租金分配中的主导权利。参照中国国有企业的特点,本书认为,中国国有企业控制权是指在国有企业内,在企业实现多元化目标和组织租金分配中占据主导的权利。

一　中国国有企业控制权现状

(一) 中国国有企业控制权功能现状

国有企业控制权功能包括基本功能和发展功能,基本功能主要是防止国有资产被机会主义侵害,发展功能主要是组织租金的创造和分配。国有企业作为企业的一种特殊形式,其企业契约与其他类型的企业相比,具有一定的异质性。国有企业契约除具有普遍性的经济目的外,还有具有特殊的非经济目的。下面从三个方面对国有企业控制权功能进行分析。

(1) 中国国有企业控制权基本功能现状

国有企业控制权基本功能是为了解决机会主义导致的"敲竹杠"问题。国有资产归全体人民所有，其控制权不可能分散开由个体单独行使，需要通过政府委托国有资产管理机构代为执行，并授权国有企业董事会及经理层进行具体的执行。权利所有者和执行者之间有许多授权环节，由于信息不对称和观察成本巨大，每位公民不可能亲自执行企业控制权基本功能，无法对"敲竹杠"行为进行观察和抑制。所以国有企业控制权的基本功能是通过授权由各种代理机构代为执行。在国有企业改革的过程中，由于监管制度不健全，造成国有资产屡屡被"敲竹杠"而大量流失。我国平均每年流失、损失的国有资产达500多亿元，这意味着每天流失国有资产达1.3亿元以上。而近几年，每年国有资产流失已达360亿元至720亿元。[①]

(2) 中国国有企业控制权发展功能现状

国有企业控制权发展功能是为了解决企业组织租金的创造和分配问题。国有企业改革是中国经济体制改革的一项重大任务。随着国有企业改革的深化，国有经济在国民经济中的比重不断降低，但国有资产总量却大幅增加，国有企业创造组织租金的能力不断地改善和提升。

一是国有企业的盈利能力普遍提升。以中央企业为例，2005—2010年，中央企业资产总额由10.5万亿元增长到24.3万亿元，年均增长18.27%；营业收入由6.79万亿元增加到

---

① 黄可:《国有资产流失现状及其防治》,《中国集体经济》2008年第7期。

16.7万亿元，年均增长19.7%；净利润由4642.7亿元增加到8489.8亿元，年均增长12.8%。2009年，全部中央企业中有53家资产总额超过千亿元，与2008年相比增加8家；有38家中央企业实现营业收入超过千亿元，比2008年增加5家；有23家中央企业实际上交税金总额超过百亿元，比2008年增加1家。详见表9-1。

表9-1　　　　　　国有企业及国有工业企业主要指标

年份	企业单位数（个）	总资产（亿元）	主营业务收入（亿元）	利润总额（亿元）	主营业务税金及附加（亿元）	本年应交增值税（亿元）
1998	64737	74916.27	33566.11	525.14	993.53	1852.3
1999	61301	80471.69	35950.70	997.86	1062.21	2019.0
2000	53489	84014.97	42203.12	2408.33	1150.28	2320.3
2001	46767	87901.54	44443.52	2388.56	1250.18	2408.9
2002	41125	89094.60	44443.52	2632.94	1401.82	2580.5
2003	34280	94519.79	58027.15	3836.20	1589.87	3025.5
2004	35597	109708.25	71430.99	5453.10	1921.90	3514.6
2005	27477	117629.61	85574.18	6519.75	2121.74	4098.3
2006	24961	135153.35	101404.62	8485.46	2612.74	4930.2
2007	20680	158187.87	122617.13	10795.19	3242.18	5951.44
2008	21313	188811.37	147507.90	9063.59	3882.05	6769.35

资料来源：根据中华人民共和国国家统计局1999年至2009年各年《中国统计年鉴》整理。

二是国有企业在国内和国际上同行业居于领先地位。2010年美国《财富》杂志公布的500强中，国有资产管理委员会监管的中央企业有30家，比2005年增加20家，中国石化、国家电网、中国石油进入前十强。中国建筑、中交集团、中国中铁、中国铁建等建筑行业的国有企业，都是国内建筑行业的领头羊，其销售收入都在千亿元以上，中交集团在2010年全球最大的225家工程承包商中排名第5位，与2007年的第7位相比上升2位，在上榜的37家中国企业中位居第三。在航运业，中远集团船队规模突破5000万载重吨，位居世界第二，经济效益更是名列世界航运业的前列。煤炭行业的神华集团，2009年煤炭产量超过2.1亿吨，销售煤炭2.54亿吨，二项数据均为世界第一，并且百万吨死亡率低于美国等发达国家。

我国国有企业控制权发展功能得到充分的实现，国有企业的盈利能力和行业地位都得到了大幅度的提高，并且有越来越多的国有企业跻身世界前列。但不可否认的是，多数国有企业尤其是中央企业所处的行业是垄断行业，总体利润主要来自垄断利润，如石油石化、电信、能源、电力、铁路等行业。

（3）中国国有企业控制权其他功能现状

国有企业控制权的其他功能是实现一些重要的非经济目标。这些非经济目标包括，提供公共产品或公共服务、培育市场经济体制、提供就业岗位、调节收入分配、维护市场秩序等，同时国有企业也是政府干预经济的重要手段，起到宏观经济稳定器的作用。国有企业担负较多的企业社会责任。"十一五"时期，国务院国有资产管理委员会在推进中央企业改革发展过程中，积极采取多种措施，推动中央企业发挥履行社会责任的表率作用。2008年，发布了《关于中央企业履行社会责任的指导意见》，制定了中央企业参与社会责任的理念、目标、核心内容和发展措施，要求中央企业积极履行社会责任，有力推动中央企业社会责任工作进展。

一是越来越多的国有企业建立起社会责任工作管理系统，对企业社会责任进行科学的管理。中央企业将社会责任理念和要求全面融入企业发展战略和日常经营管理中，积极探索建立与现有管理体系相一致的社会责任工作体系，有效提高了企业管理水平。如国家电网大力推进全面社会责任管理体系建设，分别选择省、市、县级单位进行试点，积极探索责任管理新模式。中国移动实施战略性企业社会责任管理，实现全集团社会责任工作的统一组织和有效管理，凭借优异表现连续3年入选道琼斯可持续发展指数（DJSI）。中远集团建立了可持续发展管理体系，为提高管理水平、提升可持续发展能力奠定了坚实基础。

二是国有企业承担更多的资源环境保护功能，切实履行环境责任。"十一五"期间中央企业万元产值（可比价）综合能耗下降超过20%；二氧化硫排放量降低38%左右，化学需氧量减少33%左右，全面实现"十一五"节能减排目标。许多中央企业结合自身业务特点，强化节能减排管理，发挥了示范作用。南方电网深入开展节能发电调度工作，推动了电力企业的节能减排。中国华能实施了"燃煤发电厂年捕集二氧化碳3000吨试验示范工程"，建成国内第一个燃煤电厂烟气二氧化碳捕集设备，也是国际上技术先进、规模较大的燃煤电厂烟气二氧化碳捕集设备项目。中国节能投资建设世界最大单体建筑光伏一体化项目。中国华电在乌江、金沙江水电开发中高度重视水土保持和生态保护工作，对岩原鲤、白甲鱼等一些濒临灭绝的珍稀鱼类实施了增殖放流保护项目，保护了野生动物。中央企业以实际行动为节能减排、保护环境做出了积极贡献。

三是国有企业积极吸纳就业,维护劳动者合法权益。2009年9月全球金融危机以来,就业形势变得逐步严峻,特别是应届大学毕业生就业形势严峻,中央企业积极响应党中央、国务院"保民生、保稳定,关键是保就业"的号召,克服金融危机给企业生产经营带来的困难,积极采取措施,尽最大可能吸纳就业,为缓解全社会就业压力做出了贡献。据不完全统计,在2009年,99家中央企业招聘应届高校毕业生20多万人,比上年增长7%。2010年中央企业招聘应届高校毕业生24.23万人,比上年增幅约19.4%。① 港中旅集团、招商局集团、华润集团、南光集团等国有企业在香港、澳门两地积极吸纳就业,为解决香港、澳门应届毕业生就业问题做出了积极贡献。中央企业积极吸纳农民工就业。截至2010年5月底,有108家中央企业吸纳农民工共计约683.4万人。中国建筑、国家电网、中国中铁、中煤集团、中国铁建、中交集团、中国海油和中国水电集团等8家企业农民工用量最大,总计约500万人,其中中国铁建194.3万人、中国建筑75.6万人、中国中铁127.8万人。同时,中央企业认真贯彻落实《劳动合同法》和《工会法》等法律法规,切实保障农民工的合法权益,按照"减薪不裁员、歇岗不失业"的要求,稳定就业岗位,遵守新《劳动合同法》,依法合规与职工签订劳动契约,基本实现了养老、失业、医疗、工伤、生育"五大类基本保险"的全员覆盖。

---

① 《"十一五"时期中央企业履行社会责任情况综述》,2011年2月25日,http://xxgk.sasac.gov.cn/gips/contentSearch?id=13111997。

四是国有企业积极参加社会公益事业。重大自然灾害和国家社会发展的关键时刻，国有企业能够勇挑重担，在关键时刻挺身而出。大部分中央企业承接援疆援藏和帮扶落后地区的任务，花费大量人力物力，帮助加强基础设施建设，促进了这些地区的经济发展和社会进步、提升产业结构，为这些地区的脱贫做出了卓越的贡献。在2008年抗击历史上罕见的低温雨雪冰冻灾害和2008年汶川特大地震中，中央企业启动应急预案，奋起自救的同时，组织大批救援队伍，调集大量救援设备和物资，全力抢救生命，抢修电力、通信、道路等基础设施，全力保障抗震救灾物资需要。在2008年北京第29届奥运会中，中央企业在奥运场馆施工建设、电力通信后勤保障、安保工作、气象工作等方面，提供了优质的产品和服务，为北京奥运会高品质举办做出了卓越贡献。根据中央企业对外捐赠季报统计，2010年1—12月有110家中央企业发生对外捐赠支出，累计支出总金额为419866.76万元，其中，救济性捐赠191012.03万元，占45.49%；公益性捐赠132945.00万元，占31.66%；其他捐赠95909.73万元，占22.85%。在救济性捐赠中，向受灾地区捐赠120814.16万元，占全部捐赠支出的28.77%；定点扶贫及援助捐赠66914.58万元，占全部捐赠支出的15.94%。在公益性捐赠中向科教文卫体事业捐赠86710.81万元，占全部支出的20.65%。

（二）中国国有企业控制权来源现状

企业控制权来源主要有物质资产和人力资产，国有企业同样由物质资产和人力资产构成。因国有企业的性质决定其内部的物质资产和人力资产都具有一些行政性特征。国有企业控制权的主要来源为国有物质资产和人力资产。

(1) 中国国有企业物质资产现状

国有物质资产是指由国家进行投资的非人力资产,一旦进入企业便可以马上体现为企业控制权的资产。国有物质资产主要包括资源性资产、实物资产、金融资产等。

资源性资产指国家依据国家主权原则所自然拥有的国有资产。主要包括国境内所有的矿藏资源、水资源、森林资源、草原、野生动物资源、土地资源、海岸带资源和滩涂资源等。资源性国有资产种类繁多、内容广泛,具有国家垄断性、稀缺性、经济性等主要特征。[①] 资源性资产具有很强的排他性,这种资产是通过政府行政手段获得的,而在市场上很难甚至无法获得;实物资产,指能长期参加生产过程并长期发挥其效能而不改变实体形态和属性的国有资产,如厂房、机器设备、运输工具等,实物资产通常是生产所必需,但却有很强专用性;金融资产是一种新的资产形式,有广义和狭义之分。广义的金融资产在财务制度之中被描述为货币性资产,指金融市场上可以买卖的纸质或无纸化契约、现金、银行存款、未到期的财务资产等;狭义的金融资产指在金融市场上买卖的以货币为单位,以契约、协议、合同或者单据为外在形式的,交易对象或交易中介为金融机构的,具有增值或保值功能的资产所有凭证。金融资产具有虚拟性、时间价值性、易交易性、高收益高风险性等特征。长期以来,金融资产并没有被视为一种国有资产,近

---

① 蒋伟翔:《社会主义市场经济理论》,黄河出版社1998年版,第116页。

些年来，随着经济体制改革的推进，金融资产已经越来越凸显出其重要性，金融资产的总量已经大大增加。2007年9月29日中国投资有限责任公司成立，其主要经营范围就是境内外债券等外币金融投资产品，如境外债券、股票、基金以及其他金融衍生品的投资，境外股权投资，对外委托投资，委托金融机构进行贷款，外汇资产受托管理，发起设立股权投资基金及基金管理公司，国有有关部门批准的其他业务。[①]

(2) 中国国有企业人力资产现状

人力资产是一种特殊的资产，指企业所拥有的人力资源蕴藏着可能的未来收益，具有未来的服务潜力或获利能力，是企业的特殊资产。长期以来我国对人力资产缺少足够的认识，并不认为人力资产是一种资产。人力资产是最具潜力和发展的资产。实践证明对人力资源进行投资所产生的收益，远远高于对非人力资产的投资。人力资产与物质资产互补，可以达到 $1+1>2$ 的效果，随着知识经济的到来，人力资产在企业中所扮演的角色与以往相比更加重要。人力资产的获得主要来源于人力资产投资。多年以来，我国通过制定和实施有关法律、政策、条例和社会发展经济计划，对教育进行投资、对国有企业内的员工进行培训以及出国深造等多种方式，对人力资产进行投资，形成了大量的人力资产，广泛的分布于国有企业中。这部分人力资产包括专业的技术、管理技能、高精尖的科学技术等，人力资产可以被视为国有企业中的重要组成部分，起着至关重要的作用。人力资产具有较

---

① 《中国投资有限责任公司章程》，2008年，http://www.china-inv.cn/governance/articles.html。

强的排他性、无形性、垄断性、不可测性等特征。由于国家为实现某些特殊目标，对某些个人进行人力资产投资，如进行培训、健康保护、国外留学等方式，虽然这些人力资产是天然内在于个人的，但其使用权是属于国家的。国家和政府会在保证基本人权的基础上，通过一定方式来约束这部分人力资产，使这部分人力资产在企业内充分发挥作用，并成为国有资产控制权的重要来源之一。

国有物质资产与人力资产共同成为国有企业控制权的主要来源。与其他形式的企业相比，国有企业控制权来源普遍具有行政性的特征，可以将这部分资源称为行政性资产，行政性资产广泛分布于国有物质资产和人力资产之中。具体来说，行政性资产是指国有企业依据现有法律制度在市场中所拥有的特殊物质资产或关键的人力资产。国有企业内的这类行政性资产的专有性很强，例如某些国民经济命脉产业，只能通过政府授权某些国有企业特许经营，从而使其在这个市场中占据垄断地位，如中国核工业集团公司、中国核工业建设集团公司、中国航天科技集团公司等企业。出于国家安全等因素的考虑，这类业务只适合由国家和政府来经营，所以会在法律制度上确立其在市场中的专有经营，也就是在市场中处于垄断地位。不同的行业和企业的垄断程度是不同的，有些行业可能是独占垄断，有些可能是由几个寡头垄断的形式。与不具有行政性资产或特权的非国有企业相比，国有企业可以依据这种资产在市场竞争中取得优势地位，获取优势利润。具有行政性资产的企业所处的市场是非竞争性市场，或不适合引入竞争机制的市场，如与国家安全有关的关键资源、航空工业和国防工业等。

国有物质资产、人力资产作为企业控制权的来源，进入企业之后获得企业控制权的基本性质相同，但这些资产都是进入企业内部之后，也会呈现速度上的差异。

（三）中国国有企业控制权收益现状

国有企业控制权的收益包括经济收益和非经济收益两部分。经济收益包括保留收入和组织租金两部分，保留收入是指国家进行国有企业投资所需要获得的最基本的收益，组织租金则是指在契约规定的保留收入之外的一个额外收益。非经济收益包括企业社会责任、公益事业以及实现国家宏观经济发展目标等。企业控制权的经济收益和非经济收益的重要性，取决于企业所属的行业和战略目标。目前无论是国有企业控制权经济收益还是非经济收益，都得到了很好的实现。

近年来我国国有企业通过生产创造组织租金的能力逐步提升。以中央企业为例：2010 年 1—12 月，中央企业累计实现营业收入 166968.9 亿元，同比增长 32.1%；上交税费总额 14058.2 亿元，同比增长 27.7%；累计实现净利润 8489.8 亿元，同比增长 40.2%，其中：归属于母公司所有者的净利润 5621.5 亿元，同比增利 1500.1 亿元，增长 36.4%。2011 年 1 月中央企业实现营业收入 14310.1 亿元，同比增长 23%；已上交税费总额 1827 亿元，同比增长 29.6%；实现净利润 705.5 亿元，同比增长 24%，其中：归属于母公司所有者的净利润 471.6 亿元，同比增利 96.2 亿元，增长 25.6%。[①] 各地方国有

---

① 《中央企业 2011 年 1 月份经营情况》，2011 年 2 月 28 日，http://xxgk.sasac.gov.cn/gips。

企业近些年来也逐步扭亏为盈，创造组织租金的能力不断提升，控制权收益的上缴也逐步规范化和法制化。在非经济收益方面，国有企业更加注重企业社会责任，积极投入绿色生态建设和推进可持续发展战略，为国家实现宏观经济目标做出重要贡献。

（四）中国国有企业控制权配置现状

目前，中国国有企业控制权的主要来源是国有物质资本产权，所以企业控制权配置主要由物质资产所有者拥有。我国国有企业控制权的行使是通过授权的方式进行的，授权方式有行政任命和市场选择两种控制权配置方式。

行政任命配置企业经营者是指，以行政命令决定授权给经营者的配置方式。目前，行政任命配置主要有以下几种方式。第一，政府有关部门或党的组织部门，按照组织程序，依据企业的行政级别，对缺少经营者的企业，指派经营者。第二，任命政府官员为企业经营者。政府是国有企业的代理人，可以从已有政府官员中选派某些具有经营能力的官员，将其任命为国有企业经营者。第三，以行政标准为依据选派企业经营者，通过对官员的行政能力进行选拔，任命国有企业的经营者。通常来说，行政任命的配置方式具有强制性的特征，被选拔者必须接受指派和命令，成为国有企业的经营者。

市场选择配置方式是指，通过市场竞争决定授权企业经营者配置方式。市场选择配置主要有以下几种方式。第一，是以市场竞争决定。即以经营者市场来选择企业经营者。第二，以全体供给者为人选。在经营者市场上，任何供给者都可以参与竞争，胜出者获得企业的控制权。第三，以经营管理水平为准则。企业所有者或代理人选择经营者，以其学识和能力为准则，择优录用。第四，以利益吸引供给者应聘经营者。获得了企业经营者的职位，就可以为其带来货币收益、权力收益和荣誉收益等。

二　中国国有企业控制权存在的问题及原因分析

（一）中国国有企业控制权功能存在的问题及原因

国有企业控制权功能存在的问题主要集中在，控制权基本功能无法发挥作用，导致国有资产流失严重。

国有资产流失的途径可以概括为两方面。一是显性机会主义侵害导致的流失。是指国有资产在投入之后，被以一个相对低的价格使用，或在交易时被贬低其真实价值。如利用管理者收购（MBO）低于正常价格买下国有资产；还有的在国有资产转让和出售过程中，暗箱操作、低估漏估国有资产，低价转让国有资产，使国有资产大量流入个人腰包。据初步估计，国有资产转让过程中，采用公开拍卖形式出售的国有资产价格一般比资产评估机构的评估价格高出10%左右，而采用私下交易方式出售国有资产的价格一般比评估价格低30%左右。二是隐性机会主义侵害导致隐性流失。隐性流失是指国有资产收益的流失，任何投资的目的都是获得一定的收益。如果没有任何收益或者负收益，对投资者来说，投资则是无意义的。国有企业在经营中存在内部人控制问题，被授权者利用企业控制权实际执行中的权利，将吃喝玩乐的费用计入企业成本，捞取个人好处，增加在职消费，挤占利润，从而造成企业亏损；或者通过关联交易，高价购进原材料、设备，从中拿回扣款，增加生产成本的同时，间接降低了企业利润。无论是显性还是隐性的机会主义行为，都会引致国有企业资产的损失，虽然近年来随着国有企业改革和监管制度的完善，国有企业基本控制权得到更有效的执行，但国有资产流失问题依然很严重，并且越来越朝着隐性流失趋势发展。

造成这种问题的原因有两个，一是"人民—政府—企业"授权模式，造成所有者的虚置。因为全体人民作为国有资产控制权的终极所有者只是抽象的，无论是政府还是企业都不是真正的所有者，只是相应层次的被授权者。产权管理与监督的缺位导致被授权者对国有资产所有权利益缺少责任感，缺少资本积累欲望，缺少经济责任感，缺少市场竞争意识，导致企业负盈不负亏，造成国有资产流失。二是过度依靠行政体制，监督机制不健全。虽然2009年5月1日起施行的《企业国有资产法》，对国有资产管理进行了比较系统的规范，但我国现行国有资产管理机制仍然存在许多漏洞。国有资产管理依然依靠行政体系，由国务院和各级地方政府特设的国有资产管理委员会代表国家和人民履行出资人的职责，享有所有者权益，权利、义务和责任的统一，且管资产、管人、管事三管齐下。国家对经营性国有资产的管理体制包含三个层次，国有资产管理委员会的监督在国家财务层次，国有资产经营公司的监督在产权代表层次，国有企业的监督在内部的财务层次。另外，现行国有资产的经营和运行缺乏公开性、透明性。国有资产归人民所有，人民具有国有资产管理及运营状况的知情权、收益权、监督权。现行国有资产监督管理体制缺乏公开性、透明性。每年国有资产管理状况只是作为财政预算报告的一小部分向人民代表大会进行汇报，而整个经营性国有资产的详细运营情况则没有公开透明的向其真正所有者——人民进行公开。

（二）中国国有企业控制权来源存在的问题及原因

国有企业控制权来源存在过度依赖行政性资产，缺少竞争性市场中专有性强的物质资产和人力资产。国有企业尤其是中央企业，利润主要来自垄断，如中国石油、中国移动、中石化、中海油、中国联通、中国电信，这几家企业所实现的利润占中央企业总利润的60%以上。中国移动更是在2009年成为全世界盈利最多的通信运营商。在许多竞争性行业，如房地产业，也出现国有企业与民营企业竞争的局面，2009年中央企业中有16家以房地产为主营业务的国有企业，同时还有78家非房地产主营的国有企业开展了房地产业务，这也是造成房地产市场过热的原因之一。大多数国内垄断行业都是国有企业集中的领域，并且政府官员与国企高级管理人员的交叉任职现象，更是加强了国有企业与政府之间的关系。国有企业在获取高额利润的背后，是国有企业控制权的来源过度依赖行政性物质资产和行政性人力资产。

国有企业控制权过度依赖行政性资源的主要原因包括两个方面。一是国有企业目标不清晰。我国国有企业的目标一直存在争论，一种观点认为国有企业应强调经济目标，另一种则认为国有企业应该更注重非经济目标，具有更多的"社会主义内涵"①。两种观点争论的背后是一些国有企业对于行政性资产所带来巨额利润的留恋，尽管国有企业在实现某些非经济目标中表现出色，如在重大自然灾害、重要活动中做出了巨大贡献，但相比较其依靠行政资产获得的利润而言，这些付出只是很小的一部分。二是我国有些行政性资产是国有企业改革不完全的产物。我国国有企业改革依然在不断进行中，政府与企业关系过近，甚至某些国有企业的领导是由政府领导兼任的现象依然存在，而这些改革不彻底的结果就是国有企业拥有行政性资产。

（三）中国国有企业控制权收益存在的问题及原因

随着我国国有企业改革的不断深入，国有企业的经济效益稳定增长，其控制权收益也不断提升。但控制权收益的基础仍然存在问题，一是过度依赖专有性非常强的行政性资产带来的垄断收益。因行政性资产所依靠的政府行政权力具有强制性的特征，故在市场中的无法替代并处于企业生产的关键环节，非行政性资产根本无法形成其专有性，从而无法与行政性资产抗争。超额的垄断收益不仅造成资源配置的扭曲和市场缺乏竞争机制，加之缺少有效的国有资产收益上缴和转移支付机制，导致收入差距被拉大并影响社会公平。二是非行政性物质资产专有性不强，在企业内部不能作为获得企业剩余发展控制权的基础，无法主导国有企业的发展和战略方向，并在企业组织租金

---

① 钱津：《公营企业：现实的存在与发展》，《学习与探索》2000年第2期。

的分配过程中处于主导地位。尤其是国有企业的人力资产的专有性偏弱,在企业经营层面上的具体体现是企业的自主创新能力不强,无法在市场上形成核心竞争力。我国国有企业拥有对外自主知识产权比重仅占0.03%,关键技术自给率低,对外技术依存度在50%以上。尽管近些年来随着教育水平的提高和人才的流动,国有企业已经拥有大量的科技创新优秀人才,但在创新能力与活跃程度上远远落后于非国有企业,由自主创新所带来的收益占国有企业总收益比重低的问题普遍存在,无论是在创新能力上还是在创新收益上,国有企业都远远落后于非国有企业(见表9-2)。

表9-2　　　　2007年各种类型企业研发活动的产出效益

企业类型	研发活动的产出效益(%)
外商投资企业	24.73
港澳台商投资企业	14.57
国有及国有控股	18.70
其他内资企业	8.06
合　　计	16.70

注:研发活动的产出效益=新产品销售收入/新产品开发经费投入。

资料来源:国家统计局、国家发展改革委员会:《工业企业科技统计资料》,中国统计出版社2008年版,第91页。

造成以上两个问题的原因是多方面的,归纳起来主要有以下两点。一是国有企业改革不彻底。国有企业改革已进行多年,但依然没有形成统一的和系统的国有企业模式。如我国国有企业存在形式多样,除有国有资产管理委员会作为出资人的国有企业外，还有各部委下属的国有企业，如铁路、邮政、烟草三大行业，中国投资公司下属的国有金融企业及大量金融性资产。这些企业的经营中依然沿袭行政管理企业的经营模式，造成政企不分、政资不分、权责模糊。只要行政体制与国有企业的经营与管理相关联，国有企业就可以拥有行政性资产轻易地在市场中占据领先地位，同时在企业内部拥有专有性，并拥有企业控制权。二是行政性资产的优势地位导致人力资产无法获得企业控制权。处于垄断行业的国有企业的行政性资产在外部市场中无法替代，具有很强的专有性，可以长期拥有企业剩余发展控制权并坐拥巨额利润，而国有企业人力资产根本无法具有专有性，并获得企业剩余发展控制权，这直接导致其缺少进行自主创新的动力。行政性资产拥有企业剩余发展控制权，企业则缺少自主创新的动力。除以上两点外，还有一些外部间接因素，如知识产权保护法律法规不健全、科技创新投入不足、科技人才大量流失等，都对国有企业控制权收益产生影响。

（四）中国国有企业控制权配置存在的问题及原因

中国国有企业控制权配置方式主要依靠行政任命，缺少市场配置。目前，我国已初步建立了社会主义市场经济体制。但受多种因素的影响，大部分国有企业的经营者并不是由市场选择方式配置，而是由行政任命方式配置。根据中国企业联合会的调查，国有企业经营者的选拔方式中，行政主管部门任命的比例最高，为57.5%；实行董事会任命，职代会选举，投标竞选，人才市场招聘和其他方式选拔的经营者，比例分别为31.5%、2.5%、2%、2.5%和4%。即使是采取董事会任命的方式，也未能脱离政府最终确认的程序。从逻辑上来看，既然是国有企业，政府作为所有者的代表，当然有权选择经营者。

中国国有企业中由行政任命的企业控制权执行者，很难将企业真正的经营好。现实中虽然有一些政府任命的企业经营者能够把企业经营得非常出色，但多数与他们的出身背景有关，即恰好可以利用原来拥有的特殊行政资源，也就是各种行政关系网络，以隐性的行政手段把企业暂时的经营业绩搞上去，其根本的经营方式依然是依靠行政资源进行运作，而并非来源于控制权所有者的个人能力。在这种方式之下，这类经营者很难把企业在长期内真正地经营好，因为他们可以利用行政资源使企业快速扩张，却很难形成企业真正的核心竞争力，难以保证企业的长期繁荣。

造成以上问题的原因是，企业的内部经营必须与外部市场竞争联系起来，才能够保证企业的效率。以行政方式配置的国有企业经营者，很难成为企业长期发展的人格化代表。因为作为哪一个企业的经营者，作为多大规模企业的经营者，在很大程度上是由外在的行政力量来决定的。经营者的待遇也不是由其所经营管理的企业的业绩好坏决定的，而主要是由政府的相关政策所规定。国有企业经营者产生的机制是行政化的机制，其主要依据的是个人的政治资本（以行政级别为主）和上级选择人的偏好。在这种行政化的选择机制中，随意性非常大，与被选人的企业家素质基本上没有什么必然的联系。以此种方式产生的企业经营者，其待遇自然也就由政府决定。对国有企经营者来说，企业经营的经营绩效好与不好，都不满意自己的待遇。因为，这部分官员到企业的目的就是增加收入。企业经营的好差，虽然有其自身的因素，但更多的原因还是政府的干预所致。由于自身已经付出了努力，所以，应该享受较高的待遇。

三 解决中国国有企业控制权问题的对策研究

（一）明确中国国有企业发展目标

我国国有企业的发展目标，随着改革开放的推进和经济形势的变化一直不断地进行调整。我国国有企业改革主要经历了六个阶段，扩大企业自主权阶段（1978—1984）、放权让利阶段（1984—1987）、实行承包经营责任制阶段（1987—1992）、建立现代企业制度阶段（1992—2003）、确立国有资产管理新体制阶段（2003—2005）、国有企业战略布局调整和股权多元化阶段（2005年之后）。建立现代企业制度阶段是在1992年邓小平"南方谈话"之后开始的，这阶段之前国有企业经营一直处于困难期，国有企业的发展目标主要围绕如何提高经济效益和扭亏增盈。在确立国有资产管理新体制阶段之前的几个阶段，国有企业的发展开始转向控制国民经济命脉，并且开始承担更多的非经济目标。近年来，国有企业的发展目标更加的多元化，许多国有企业的发展目标不够清晰，经济目标和非经济目标混杂在一起，本来应该专注于经营活动的国有企业，却承担很多的非经济目标，反之，应该专注于非经济目标的国有企业却在追逐经济目标,这种状况导致国有企业控制权发展功能变得模糊。所以,应尽快明确国有企业的发展目标。首先,依照国有企业所处行业的特征,进行科学、合理的分类;其次,根据不同类型的企业,确定差异化的发展战略和目标;最后,对不同发展目标的企业,制定不同的业绩考核标准。如果使用相同的标准将导致各种类型的国有企业追逐相同的目标,会导致发展上的混乱。

(二) 完善中国国有资产管理制度

党的十六大对国有资产管理体制进行了明确,尝试从制度上解决国有资产管理混乱和权责不清等矛盾和问题,逐步将国有出资人位置制度化,确保国有资产保值增值责任得到落实,从政府机构设置上初步解决了政资不分、政企不分、权责混乱等矛盾,初步形成了中国特色的国有企业改革发展的道路。[①]之后成立了国有资产管理委员会,形成中央、省、市(地)层级的国有资产监督管理体系。但一些国有企业管理仍存在制度上的漏洞和缺陷,影响企业控制权基本功能的发挥,造成国有资产的流失和机会主义的侵害。因此,必须进一步完善国有企业与国有资产管理监督制度。第一,建立和完善国有资产法律体系。尽快制定国有资产经营管理的基本法律和与之相配套的国有资产各单项法律法规,形成国有资产法律法规体系,在法制层面上保证国有企业资产的安全。继续完善《公司法》等一系列法规,法规的修订要体现有法必依、违法必究的原则,并

---

① 李荣融:《国资委直属机关深入学习和实践科学发展观活动动员大会上的讲话》,2008年10月14日,http://xxgk.sasac.gov.cn/gip。

通过严格执法真正遏制住国有企业资产流失的势头。第二，立法确立人民代表大会对国有资产管理的监督权。人大应充分行使作为立法机关的立法职能，适时启动国有资产监督立法，还要做到有法必依、执法必严，树立法律权威，促进国有资产的管理和监督。第三，建立国有企业向人大报告国有资产运营状况和管理情况制度。应建立人大对国有资产运营、管理情况的巡视、检查、评议、质询以及听证机制，充分发挥人大监督国有资产运营管理的作用。第四，在人大内设立国有资产监督专门机构。该机构负责立法、执法、审议、业绩考评等监督工作。只有通过制度的完善，才能保证国有企业基本控制权的充分发挥，减少国有资产流失，杜绝腐败问题。

（三）逐步退出竞争性领域

国有企业可以帮助政府实现宏观经济目标，弥补市场机制的缺陷。但在某些竞争性行业中，市场机制可以充分发挥配置资源的作用，不需要有过多的国有企业的参与。现实中一般性竞争领域存在过多的国有企业，挤占非国有企业的生存空间，抑制民间投资的积极性。在适合市场资源配置的领域中，采取多元化产权结构，国有企业应逐步退出该领域。国有企业的退出可以采取多种形式，如股权转让、资产重组等。近年来，我国国有企业退出竞争性领域的有恒源祥、宇通客车等。国有企业退出竞争性领域，就是国有企业控制权转移的过程。也就是说，在竞争性领域的国有资产控制权应逐步转移到易出现市场失灵的领域和产业中。否则，行政性资产就会获得企业剩余发展控制权，主导企业成为领域中的垄断者，挤占其他投资者。

（四）提高中国国有企业自主创新能力

首先，重视人力资产在国有企业中的重要作用。现代企业竞争归根结底是人才的竞争，培养造就一大批高层次人才队伍是全面提升国企核心竞争力的关键。一是建立健全人才培养与管理制度，加大人才培养的投入，营造适合人才发展的环境，积极吸引人才。二是组织租金的分配要与创新能力相匹配。对于具有创新能力的人才和人力资产，要在组织租金的分配过程中体现出来，只有这样才能激励创新者进行更多更好的创新；三是对专有性强的国有企业人力资产应给予其企业发展控制权，这样可以更好地推动人力资产在创新中发挥更大的作用。

其次，健全知识产权保护的法律法规。知识产权制度是尊重创造性劳动和激励创新的一项基本制度。目前，我国在知识产权领域已制定4部专门法律，颁布19部行政法规，完成专利法第三次修订，商标法、著作权法修订工作也正在推进。全面履行了与贸易有关的知识产权协定，涵盖了专利、商标、版权等各个领域，与国际通行规则相协调。建立了比较完备的知识产权法律法规体系，奠定了行政执法与司法保护相结合的法律基础。但在法律的具体执行过程中，因人民群众对保护知识产权缺乏认识，导致执行困难问题。所以，对于知识产权意识的普及和宣传也是一个重要问题。只有创新的成果能够得到保护，创新者才敢于创新。

最后，要努力提高科技成果转化效率。科技成果转化效率是另一个影响自主创新能力的重要因素。人力资产的专用性与专有性的呈现速度也受到成果转化率的影响，并且阻碍人力资产获得企业发展控制权。目前我国科技成果能够签约转化的不到20%，转化后能产生经济效益的成果又大约只占被转化成果的30%，因此只有不到10%的成果能取得较大效益。提高科技成果转化效率，要将成果与市场相结合，加大资金投入力度，发挥设计、工程部门的作用。形成"创新—成果—市场"的联结，从而产生良性的循环。

（五）中国国有企业控制权的配置应引入市场竞争机制

首先，将市场竞争机制引入企业控制权配置的过程中，需逐步取消国有企业和其经营者的行政级别，使企业成为市场经营主体，经营者变为职业经营者。只有取消国有企业的行政级别，才能够将国有企业与行政性资产的关系割裂开。建立国有企业经营者市场，并逐步构建职业资格制度。只有具备任职资格证书的经营者才能参与到国有企业经营者的市场中；并且，对这些具备资格的经营者，需要进行登记注册，并形成国有企业经营者数据库；建立专家评审机构，定期对经理人进行再考察，不符合要求者立即淘汰。

其次，企业控制权市场选择过程应以竞争为基础。政府应根据各国有企业的实际状况，制定不同的国有企业经营者选拔制度，这些制度必须具备竞争性、可操作性的特征，通过对其历史经营绩效、档期能力及任职计划等标准，选择出优秀的经营者。

再次，建立完善的激励和监督机制。以市场方式配置国有企业经营者，必须形成有效的国有企业经营者的激励和监督机制。现代企业制度证明，只有激励、监督制度完善，经营者才会发挥出应有的积极作用。例如，完善薪酬制度，如工资、奖金、股票或股票期权等，促使国有企业经营者将自己的利益与国有企业的短期发展和长期发展联系在一起。由企业董事会向经营者授予控制权，强化管理和监督力度。国有企业经营者代表国家，在组织租金的分配过程中，应分享一部分组织租金，以强化激励作用。而对于经营者的监督应来自政府监督、人大监督、工会监督及媒体监督等。

参考文献

(一) 外文图书

[1] Hart, O. Firm, Contracts and Financial Structure [M]. Oxford: Oxford University Press, 1998.

[2] Louis Loss. Fundamentals of Securities Regulation [M]. Boston: Little Brown, 1998.

[3] Adolf A. Berle and Gardiner C. Means. The Modern Corporation and Private Property [M]. New York: The Macmillan Company, Reissued January, 1933, and Reprinted March, April, 1933.

[4] Jensen M. C., Meckling W. H. Knowledge, Control and Organization Structure. Contract Economics [M]. London: Cambridge Press House, 1992.

[5] Weston, J. Fred, Chung, K. Wang S., Siu, Juan A. Takeovers. Restructuring and Corporate Governance [M]. London: Prentice Hall, 1998.

[6] Simon, Herbert. A. Models of Man [M]. New York: John

Wiley & Sons. 1957.

[7] Williamson, O. The Economic Institute of Capitalism [M]. New York: Free Press, 1985.

[8] Herbert Simon. Administration Behavior [M]. New York: Macmillan, 1961.

[9] Frank Knight. Risk, Uncertainty and Profit [M]. New York: Houghton Mifflin Co. 1921; Kelly and Millman, 1957.

[10] Saussier and Stephane. When Incomplete Contract Theory Meets Transaction Cost Economics. a Test. In Institutional, Contracts, and Organizations. Perspectives from Institutional Economic [M]. Cheltenham: Edward Elgar Publishing Limited, 2000.

[11] Che, Yeon-Koo, John Hausch. Cooperative Investment and the Value of Contracting: Coase VS Williamson [J]. Mimeo: University of Wisconsin-Madison, 1996.

（二）外文期刊

[1] Grossman S., Hart O. The Costs and Benefits of Ownership [J]. Journal of Political Economy, 1986 (94).

[2] Hart, O., J. Moore. Property Rights and the Nature of the Firm [J] Journal of Political Economy, 1990 (98).

[3] John C., Dennis L. The Effect of Shareholding Dispersion on the Degree of Control in British Companies, Theory and Measurement [J]. The Economic Journal, 1983 (193).

[4] Hart, O. Moore, J. Default and renegotiation. A dynamic mod-

el of debt [J]. Quar terly Journal of Economics, 1998 (1).

[5] Aghion, P. and P. Bolton. An Incomplete Contract Approach to Financial Contracting [J]. Review of Economic Studies, 1992 (3).

[6] Hart, O. Financial Contracting [J]. Journal of Economic Literature, 2001 (4).

[7] Masin, Eric and Jean Tirole. Unforeseen Contingencies, Property Right, and Incomplete Contracts [J]. Review of Economic Studies, 1999 (66).

[8] Williamson. Hierarchical Control and Optimum Firm Size [J]. Journal of Political Economy, 1967 (74).

[9] Dessein, W. Information and Control in Alliances & Ventures [J]. Journal of Finance, 2005 (3).

[10] Andrei, A., Kirilenko. Valuation and Control in Venture Finance [J]. Journal of Finance, 2001 (2).

[11] Rajan R., Luigi Zingales. Power in a Theory of the Firm [J]. Quarterly Journal of Economics, 1998 (2).

[12] Grossman Sanford, Hart, O. One Share-One Vote and the Market for Corporate Control [J]. Journal of Financial Economics, 1988 (20).

[13] Klein, B., et al. Vertical Integration, Appropriable Rents and the Competitive Contracting Process [J]. Journal of Law and Economics, 1978 (21).

[14] Segal and IIya. Complexity and Renegotiation. A Foundation for Incomplete Contracts [J]. Review of Economic Studies,

1999 (66).

[15] Holmstrom and Bengt. The Firm as a Subeconomy [J]. Journal of Economics Law and Institution, 1999 (1).

[16] O. Hart and J. Moore. Incomplete Contracts and Renegotiation [J]. Econometrica, 1988 (56).

[17] Coles J. W. , W. S. Hesterly. Independent of the Chairman and Board Composition. Firm Choice and Shareholder Value [J]. Journal of Management. 2000 (2).

[18] Alchian, Demestz H. Production, Information Cost, and Economic Organization [J]. American Economic Review, 1972 (62).

[19] Chan, Y. S. , Siegal, D. , Thakor, A. V. Learning, Corporate Control and Performance Requirements in Venture Capital Contracts [J]. International Economic Review, 1990 (2).

[20] Dewatripon, M. , J. Tirole. A Theory of Debt and Equity. Diversity of Securities and Manager Shareholder Congruence [J]. Quarterly Journal of Economics, 1994 (109).

[21] Berglof, Erick. A. Control Theory of Venture Finance [J]. Journal of Law, Economics, and Organization, 1994 (10).

[22] Hellmann T. The Allocation of Control Rights in Venture Capital Contracts [J]. Rand Journal of Economics, 1998 (1).

[23] Aghion, P. , Tirole J. Formal and Real Authority in Organizations [J]. Journal of Political Economy, 1997 (105).

[24] Scharfstein, D. The Dynamics of Incentive Contracts [J].

Econometrica, 1988 (59).

[25] Aghion, Dewatripont, Rey. Renegotiation Design with Unverifiable Information [J]. Econometrica, 1994 (2).

[26] Heung. The Contractual Nature of the Firm [J]. Journal of Law and Economics, 1983 (26).

(三) 中文图书

[1] 奥利弗·E. 威廉姆森、西德尼·温特编:《企业的性质》,商务印书馆 2010 年版。

[2] 亚当·斯密:《国民财富的性质和原因的研究(上)》,商务印书馆 1972 年版。

[3] 吕中楼:《新制度经济学研究》,中国经济出版社 2005 年版。

[4] R. H. 科斯等:《财产权利与制度变迁——产权学派与新制度学派译文集》,上海人民出版社 2002 年版。

[5] 道格拉斯·C. 诺斯:《制度、制度变迁与经济绩效》,上海三联书店、上海人民出版社 1994 年版。

[6] 马尔科姆·卢瑟福:《经济学中的制度》,中国社会科学出版社 1999 年版。

[7] 张林:《新制度主义》,经济日报出版社 2006 年版。

[8] 科斯、诺思、威廉姆森:《制度、契约与组织——从新制度经济学角度的透视》,经济科学出版社 2003 年版。

[9] 埃格特森:《经济行为与制度》,商务印书馆 2004 年版。

[10] 弗鲁博顿、芮切特:《新制度经济学——一个交易费用分析范式》,上海人民出版社 2006 年版。

[11] 爱伦·A. 斯密德:《财产、权力和公共选择——对法和经济学的进一步思考》,上海三联书店、上海人民出版社2006年版。

[12] 爱伦·A. 斯密德:《制度与行为经济学》,中国人民大学出版社2004年版。

[13] 殷召良:《公司控制权法律问题研究》,法律出版社2001年版。

[14] 青木昌彦:《比较制度分析》,上海远东出版社2001年版。

[15] R. H. 科斯等:《契约经济学》,经济科学出版社1999年版。

[16] 麦克尼尔:《新社会契约论》,中国政法大学出版社1994年版。

[17] 汪丁丁:《制度分析基础讲义Ⅰ》,上海人民出版社2005年版。

[18] 汪丁丁:《制度分析基础讲义Ⅱ》,上海人民出版社2005年版。

[19] 德姆塞茨:《企业经济学》,中国社会科学出版社1999年版。

[20] 保罗·萨缪尔森、威廉·诺德豪斯:《经济学》(第十六版),华夏出版社1999年版。

[21] 许崇德:《中国宪法》,中国人民大学出版社1989年版。

[22] 道格拉斯·诺斯、张五常:《制度变革的经验研究》,经济科学出版社2003年版。

[23] 迈克尔·迪屈奇:《交易成本经济学》,经济科学出版社

2000年版。

[24] 杨瑞龙、周业安：《企业共同治理的经济学分析》，经济科学出版社2001年版。

[25] 肯尼斯·J. 阿罗：《信息经济学》，北京经济学院出版社1989年版。

[26] 盛洪：《现代制度经济学》，北京大学出版社2004年版。

[27] 曲振涛、杨恺钧：《规制经济学》，复旦大学出版社2006年版。

[28] 柯武钢、史漫飞：《制度经济学——社会秩序与公共政策》，商务印书馆2000年版。

[29] 卢现祥：《新制度经济学》，武汉大学出版社2004年版。

[30] 胡晓阳：《企业控制权的理论解释与实证分析》，经济科学出版社2005年版。

[31] 国彦兵：《新制度经济学》，立信会计出版社2006年版。

[32] 费方域：《企业的产权分析》，上海三联书店、上海人民出版社2006年版。

[33] 聂辉华：《声誉、契约与组织》，中国人民大学出版社2009年版。

[34] 卢少华、徐万岷：《权力社会学》，黑龙江人民出版社1989年版。

[35] 陆德山：《认识权力》，中国经济出版社2000年版。

[36] 武步云：《马克思主义法哲学引论》，陕西人民出版社1992年版。

[37] 张文显：《法学基本范畴研究》，中国政法大学出版社1993年版。

[38] 俞可平：《西方政治学名著提要》，江西人民出版社 2000 年版。

[39] 约翰·穆勒：《政治经济学原理》，商务印书馆 1991 年版。

[40] 阿尔弗雷德·马歇尔：《经济学原理》，商务印书馆 1997 年版。

[41] 杨瑞龙：《企业理论·现代观点》，中国人民大学出版社 2005 年版。

[42] 哈特：《企业、契约与财务结构》，上海三联书店 1998 年版。

[43] 刘伟、李风圣：《产权通论》，北京出版社 1998 年版。

[44] 蒋伟翔：《社会主义市场经济理论》，黄河出版社 1998 年版。

[45] 张维迎：《博弈论与信息经济学》，上海人民出版社 1996 年版。

[46] 罗能生：《产权的伦理维度》，人民出版社 2004 年版。

[47] 年志远：《二元产权经济学》，经济科学出版社 2008 年版。

[48] 冯子标：《人力资本运营论》，经济科学出版社 2000 年版。

[49] 阿尔钦、德姆塞茨：《生产、信息费用与经济组织》，载路易斯·普特曼、兰德尔·克罗茨纳《企业的经济性质》，上海财经大学出版社 2000 年版。

[50] 奥利弗·E. 威廉姆森：《资本主义经济制度——论企业签约与市场签约》，商务印书馆 2002 年版。

[51] 法玛、简森：《所有权和控制权的分离》，载陈郁《所有权、控制权与激励》，上海三联书店1998年版。

[52] F. A. 哈耶克：《致命的自负》，中国社会科学出版社2000年版。

[53] V. 奥斯特罗姆、D. 菲尼、H. 皮希特：《制度分析与发展的反思——问题与抉择》，商务印书馆1992年版。

[54] 西奥多·W. 舒尔茨：《论人力资本投资》，北京经济学院出版社1992年版。

[55] 艾里克·拉斯穆森：《博弈与信息》，中国人民大学出版社2009年版。

[56] 胡乐明、刘刚：《新制度经济学》，中国经济出版社2009年版。

[57] 康芒斯：《制度经济学》（上册），商务印书馆1962年版。

[58] 康芒斯：《制度经济学》（下册），商务印书馆2006年版。

[59]《马克思恩格斯选集》（第一卷），人民出版社1972年版。

[60]《马克思恩格斯选集》（第二卷），人民出版社1972年版。

[61] 马克思：《资本论》（第三卷），人民出版社1995年版。

[62] 马克思：《资本论》（第一卷），上海三联书店2009年版。

[63] 马克思：《资本论》（第二卷），上海三联书店2009年版。

（四）中文期刊

[1] 郝晓彤、唐元虎：《企业控制权收益的激励效应分析》，《山西财经大学学报》2004年第1期。

[2] 董秀良、高飞：《上市公司控制权结构：问题与对策》，《当代经济研究》2002年第3期。

[3] 金祥荣、余立智：《控制权市场缺失与民营家族制企业成长中的产权障碍》，《中国农村经济》2002年第8期。

[4] 周其仁：《市场里的企业：一个人力资本与非人力资本的特别合约》，《经济研究》1996年第7期。

[5] 周冰、郑志：《公有制企业改革中控制权的分配——河南注油器厂产权制度改革案例研究》，《经济研究》2001年第1期。

[6] 欧阳凌、欧阳令南、周红霞：《创业投资企业的控制权配置与非效率投资行为》，《系统工程理论方法应用》2005年第2期。

[7] 方健雯、孙碧波：《国有企业控制权收益与最优重组契约》，《经济管理·新管理》2005年第8期。

[8] 姜硕、郭尧：《控制权与收益权分离及其对企业投资规模的影响》，《财会月刊》2007年第29期。

[9] 刘汉民：《合约、资本结构与控制权的配置》，《理论学刊》2003年第3期。

[10] 叶国灿：《论家族制企业控制权的转移与内部治理结构的演变》，《管理世界》2004年第4期。

[11] 蒲自立、刘芍佳：《论公司控制权及对公司绩效的影响分

析》,《财经研究》2004 年第 10 期。

[12] 张维迎:《所有制、治理结构及委托—代理关系》,《经济研究》1996 年第 9 期。

[13] 年志远:《企业所有权概念辨析》,《吉林大学社会科学学报》2003 年第 3 期。

[14] 付雷鸣、万迪昉、张雅慧:《创业企业控制权配置与创业投资退出问题探讨》,《外国经济与管理》2009 年第 2 期。

[15] 吴照云、黎军民:《公司治理的核心》,《当代财经》2005 年第 5 期。

[16] 齐超:《对企业控制权几个理论问题的思考》,《吉林工商学院学报》2008 年第 5 期。

[17] 刘磊、万迪昉:《企业中的核心控制权与一般控制权》,《中国工业经济》2004 年第 2 期。

[18] 王华、黄之骏:《风险科技企业产权博弈与控制权优化》,《华东经济管理》2005 年第 6 期。

[19] 杨瑞龙、周业安:《一个关于企业所有权安排的规范性分析框架及其理论含义》,《经济研究》1997 年第 1 期。

[20] 杨瑞龙、周业安:《论利益相关者合作逻辑下的企业共同治理机制》,《中国工业经济》1998 年第 1 期。

[21] 方竹兰:《人力资本所有者拥有企业所有权是一个趋势》,《经济研究》1997 年第 6 期。

[22] 王月欣:《从动态博弈视角看企业控制权的配置》,《南开经济研究》2004 年第 4 期。

[23] 宋玉华、虞迪锋:《商业银行对企业控制权配置研究》,《会计研究》2005 年第 11 期。

[24] 郝宇、韩文秀：《风险企业控制权配置研究》，《天津大学学报》2005年第2期。

[25] 刘冰：《企业权力争夺与企业治理》，《中国工业经济》2002年第4期。

[26] 张明：《乡镇企业控制权配置变迁路径分析》，《农业经济》2008年第6期。

[27] 安实、王健、何琳：《风险企业控制权分配的博弈过程分析》，《系统工程理论与实践》2002年第12期。

[28] 许红军、田俊改：《创业企业控制权配置模型研究》，《中国民航大学学报》2007年第8期。

[29] 颜光华、沈磊、蒋士成：《基于资产专有性的企业控制权配置》，《财经论丛》2005年第2期。

[30] 苏芝：《试论企业控制权的最优配置》，《经济师》2004年第9期。

[31] 曾楚宏、林丹明、王斌：《基于资源基础观的企业控制权配置论》，《中南财经政法大学学报》2008年第5期。

[32] 覃家琦：《企业管理科层中的控制权配置》，《当代财经》2008年第11期。

[33] 李美清：《我国国有企业控制权配置优化探析》，《科技创业月刊》2007年第99期。

[34] 孙芳伟：《控制权收益与国有企业并购的产权障碍研究》，《改革与战略》2007年第7期。

[35] 张维迎：《控制权损失的不可补偿性与国有企业兼并中的产权障碍》，《经济研究》1998年第7期。

[36] 周其仁：《资本市场：企业家能力竞争的舞台》，《资本市

场》1997 年第 Z1 期。

[37] 洪功翔：《不同体制下企业经理人员控制权收益比较》，《经济问题》2001 年第 6 期。

[38] 谭劲松：《控制权收益与股利政策》，《会计之友》2003 年第 12 期。

[39] 谢茂拾、彭秀平：《论控制权收益与大股东人力资本产权参与企业收益分配问题——与刘少波教授商榷》，《内蒙古社会科学》（汉文版）2008 年第 6 期。

[40] 陈成、王永县、雷家骕：《企业控制权的利益侵占问题研究》，《数量经济技术经济研究》2005 年第 9 期。

[41] 刘少波：《控制权收益悖论与超控制权收益——对大股东侵害小股东利益的一个新的理论解释》，《经济研究》2007 年第 2 期。

[42] 陈小林：《公司控制权的频繁转移、企业业绩与投机性并购》，《南开管理评论》2005 年第 4 期。

[43] 方轶强：《控制权转移能改善企业的经营业绩吗？》，《当代财经》2005 年第 6 期。

[44] 姚佐文：《风险资本家与企业家之间的控制权分配和转移》，《安徽农业大学学报》2004 年第 3 期。

[45] 冯根福、吴林江：《我国上市公司并购绩效的实证研究》，《经济研究》2001 年第 1 期。

[46] 骆祚炎：《控制权转移失效与公司监管缺失：理论及依据》，《上海财经大学学报》2005 年第 2 期。

[47] 王铁林：《无形资产与企业控制权转移的相关性研究》，《财会研究》2009 年第 4 期。

[48] 袁云涛、王峰虎:《分工、剩余控制权配置与经济效率——经济效率的制度解析》,《郑州大学学报》(哲学社会科学版) 2003 年第 3 期。

[49] 史玉伟、和丕禅:《企业控制权内涵及配置分析》,《石河子大学学报》(哲学社会科学版) 2003 年第 1 期。

[50] 史金平、邓新明:《浅论控制权回报激励的扭曲问题——兼谈我国国有企业经营者激励约束机制运行效率低的有关问题》,《商业经济》2004 年第 7 期。

[51] 李新春:《经理人市场失灵与家族制企业治理》,《管理世界》2003 年第 4 期。

[52] 黄泰岩、郑江淮:《企业家行为的制度分析》,《中国工业经济》1998 年第 2 期。

[53] 李秀、吴斌:《企业不同控制权状态下监督成本研究》,《安徽工业大学学报》(社会科学版) 2007 年第 1 期。

[54] 王竹泉:《利益相关者会计行为的分析》,《会计研究》2003 年第 10 期。

[55] 谢德仁:《试论现代企业的代理关系与企业会计系统结构——兼及现代企业会计目标研究》,《会计研究》1994 年第 4 期。

[56] 朱心来、和丕祥:《监督和风险企业控制权安排的关系分析》,《商业研究》2003 年第 23 期。

[57] 杨其静:《从完全契约理论到不完全契约理论》,《教学与研究》2003 年第 7 期。

[58] 杨瑞龙、杨其静:《对"资本雇佣劳动"命题的反思》,《经济科学》2000 年第 6 期。

[59] 杨瑞龙、杨其静：《专用性、专有性与企业制度》，《经济研究》2001年第3期。

[60] 杨其静：《契约与企业理论前沿综述》，《经济研究》2002年第1期。

[61] 刘心群：《企业本质：组织租金的创造与分配》，《重庆教育学院学报》2009年第4期。

[62] 钱津：《公营企业：现实的存在与发展》，《学习与探索》2000年第2期。

[63] 郭继强：《企业制度中的组织剩余》，《学术月刊》2004年第8期。

[64] 于桂兰、袁宁：《人力资本分享剩余索取权与控制权——基于制度演化的知识分析》，《吉林大学社会科学学报》2003年第2期。

[65] 黄可：《国有资产流失现状极其防治》，《中国集体经济》2008年第7期。

[66] 牛德生：《资产专用性理论分析》，《经济经纬》2004年第3期。

[67] 刘广生：《专用性投资及其治理安排研究的理论进展》，《生产力研究》2010年第3期。

[68] 胡晓阳：《企业控制权的契约分析》，《经济论坛》2006年第7期。

[69] 周源源、周扬波：《家族企业控制权让渡及其治理模式演进的研究》，《北方经济》2006年第12期。

[70] 刘萍萍：《风险企业的控制权配置研究》，《西北工业大学学报》（社会科学版）2006年第2期。

[71] 徐德信：《为什么公有企业控制权形成相反的激励》，《安徽工业大学学报》（社会科学版）2000 年第 1 期。

[72] 连建辉：《"管理者控制权"重探——管理者与企业剩余控制权的配置》，《财经科学》2004 年第 4 期。

[73] 蔡祥：《控制权利益、管理者股权与企业价值》，《财经科学》2002 年第 5 期。

[74] 王勇：《控制权安排和企业融资结构——控制权安排的承诺作用和激励作用分析》，《南开经济研究》2003 年第 1 期。

[75] 余功文、王巧丽：《基于企业内部产权结构下的企业控制权》，《华中农业大学学报》（社会科学版）2006 年第 4 期。

[76] 吉云：《企业的内部控制权分散——一种企业改革的思路》，《江汉论坛》2007 年第 10 期。

[77] 刘大可：《论人力资本的专用性与企业控制权安排——一个简单的"三人企业"博弈模型及其含义》，《河南大学学报》（社会科学版）2003 年第 1 期。

[78] 党兴华、贺利平、王雷：《基于典型相关的风险企业控制权结构与企业成长能力的实证研究》，《软科学》2008 年第 4 期。

[79] 张华、张俊喜、宋敏：《所有权和控制权分离对企业价值的影响——我国民营上市企业的实证研究》，《经济学》（季刊）2004 年第 S1 期。

[80] 陈玉荣：《企业所有权、控制权与会计控制》，《中国管理信息化》（综合版）2006 年第 2 期。

[81] 吕小庆：《现代公司制企业中剩余控制权和剩余索取权的配置》，《经济论坛》2008年第14期。

[82] 赵静：《国有企业公司法人治理结构的关键——企业控制权和激励制度设计》，《内蒙古科技与经济》2009年第11期。

[83] 梁雄军：《中小改制企业有效治理的基础：经营管理骨干拥有控制权》，《中共中央党校学报》2003年第1期。

[84] 张慕濒、范从来：《股权结构能否影响控制权转移后企业治理效率的变化？》，《金融论坛》2005年第9期。

[85] 谭韵清：《企业控制权与股权结构互动关系》，《合作经济与科技》2005年第19期。

[86] 中国人民银行潍坊市中心支行课题组：《控制权改革：企业改制与外部环境的动态研究——"诸城模式"研究》，《金融研究》2001年第7期。

[87] 刘大可：《剩余索取权和控制权的偏离与企业效率》，《社会科学辑刊》2000年第3期。

[88] 严冰、蒋代谦：《西方企业剩余控制权的主要观点及对中国国企改革的启示》，《四川工业学院学报》2002年第4期。

[89] 郑文哲、夏凤：《家族制企业的控制权类型及其转换》，《科技与管理》2006年第1期。

[90] 高传富、谈坚：《国有企业控制权配置研究——兼议股权分置》，《现代管理科学》2005年第11期。

[91] 卢昌崇、李仲广、郑文全：《从控制权到收益权：合资企业的产权变动路径》，《中国工业经济》2003年第11期。

[92] 杨轶：《从我国上市公司股权分置改革看国有企业控制权问题》，《沿海企业与科技》2006 年第 1 期。

[93] 李秋芳：《基于企业控制权的国企管理人员职务犯罪研究》，《商场现代化》2008 年第 13 期。

[94] 叶勇、刘波、黄雷：《终极控制权、现金流量权与企业价值——基于隐性终极控制论的中国上市公司治理实证研究》，《管理科学学报》2007 年第 2 期。

[95] 袁建昌：《技术型人力资本分享企业剩余索取权与剩余控制权的制度安排》，《科学管理研究》2005 年第 3 期。

[96] 梁光伟：《国有企业剩余索取权和控制权配置与约束机制选择》，《江汉论坛》2002 年第 7 期。

[97] 魏正红、汪辉、李荣林：《股权特征、控制权收益与企业并购效率》，《中南财经政法大学学报》2007 年第 4 期。

[98] 张新艳：《银企战略联盟下的企业控制权配置问题研究》，《企业经济》2009 年第 4 期。

[99] 章华、金雪军：《企业治理结构中的控制权配置问题初探》，《浙江社会科学》2002 年第 6 期。

[100] 陈洪波：《控制权实现度与企业融资效率》，《上海经济研究》2003 年第 11 期。

[101] 杨晓猛：《国有企业经营者选择控制权的制度安排》，《理论探讨》2003 年第 4 期。

[102] 潘敏、谢献谋：《两权分离的实质与我国股份制企业的内部人控制问题》，《武汉大学学报》（社会科学版）2003 年第 1 期。

[103] 唐更华、王学力：《美国企业控制权配置新格局及其启

示》,《广东工业大学学报》(社会科学版)2003年第2期。

[104] 连建辉、赵林:《国有企业的战略性调整与控制权市场的发展》,《福建师大福清分校学报》2003年第3期。

[105] 刘彦平、宋秀英:《企业控制权的演变及其趋势》,《河北经贸大学学报》2003年第5期。

[106] 卓越、张珉:《所有权、控制权与治理结构——家族企业制度变迁研究》,《经济界》2003年第1期。

[107] 蒋满元、张劲松:《控制权杠杆与现代企业管理方式创新》,《内蒙古农业大学学报》(社会科学版)2003年第1期。

[108] 聂顺江:《基于企业终极控制权配置的债权人权益保护》(英文),《云南民族学院学报》(自然科学版)2003年第2期。

[109] 李霞、张秋生:《企业控制权市场渐成气候》,《英才》2003年第1期。

[110] 赵晓容、陈俊芳、赵鸣雷:《基于效用的虚拟企业控制权结构配置的研究》,《华中科技大学学报》(自然科学版)2004年第1期。

[111] 陈辉、陈国进:《风险企业的控制权分配与融资工具选择》,《金融理论与实践》2004年第1期。

[112] 唐勇:《企业制度变迁与控制权配置》,《中共浙江省委党校学报》2004年第2期。

[113] 李圆、王化君:《中国公司控制权市场对企业股价影响的实证研究》,《辽宁经济》2004年第6期。

[114] 钟怀宇：《国有企业治理结构中科层的控制权配置特征及效率分析》，《湖北经济学院学报》2004 年第 4 期。

[115] 姜林：《企业控制权的机理剖析》，《企业改革与管理》2004 年第 9 期。

[116] 钱春海、郑学信：《国有企业控制权转移的效率分析》，《管理科学》2004 年第 5 期。

[117] 劳剑东、李湛：《控制权的相机分配与创业企业融资》，《财经研究》，2004 年第 12 期。

[118] 马健、叶明：《民营企业技术引进过程中的财产权与控制权变革》，《科学学与科学技术管理》2004 年第 12 期。

[119] 马军、毕建秋：《我国家族企业控制权分配的新路径》，《武汉市经济管理干部学院学报》2004 年第 S1 期。

[120] 张栋：《企业控制权演变与财权配置》，《新疆财经学院学报》2004 年第 4 期。

[121] 唐炎森：《企业的产生与剩余控制权——兼与杨小凯商榷》，《淮海工学院学报》（自然科学版）2004 年第 1 期。

[122] 唐宗焜：《对"公有制企业改革中控制权的分配——河南注油器厂产权制度改革案例研究"一文的评论》，《中国制度变迁的案例研究》2004 年年刊。

[123] 杨瑞龙：《对"公有制企业改革中控制权的分配——河南注油器厂产权制度改革案例研究"一文的评论》，《中国制度变迁的案例研究》2004 年年刊。

[124] 何伟：《风险企业的道德风险与控制权配置的模型分析》，《经济经纬》2005 年第 1 期。

［125］邹小平、伊彩红：《浅析上市民营企业所有权与控制权的两难选择》，《北方经贸》2005年第3期。

［126］王志明、顾海英：《契约失灵框架下的家族企业控制权配置》，《生产力研究》2005年第4期。

［127］王昌林、蒲勇健：《企业技术创新中的控制权激励机制研究》，《管理工程学报》2005年第3期。

［128］李伟：《资本所有者至上理论下的企业控制权安排——股东至上理论与利益相关者理论的逻辑统一》，《中外企业》2005年第5期。

［129］郭跃进、徐冰：《论中国当代家族企业控制权传承的选择与决定因素》，《贵州财经学院学报》2005年第6期。

［130］童卫华：《我国国有企业高管人员报酬：控制权激励观》，《经济学家》2005年第6期。

［131］李美清：《企业控制权配置：基于非所有权视角的考察》，《湖南科技学院学报》2005年第8期。

［132］谢玲芳、吴冲锋：《股权投资、超额控制与企业价值：民营上市公司的经验分析》，《世界经济》2005年第9期。

［133］邢斐：《高新技术企业控制权分配：基于合作博弈解释》，《云南财贸学院学报》2005年第5期。

（五）学位论文

［1］王冰洁：《企业控制权安排及控制权效率改进机制研究》，博士学位论文，重庆大学，2005年。

［2］田志伟：《企业家视角的企业控制权机制研究》，博士学

位论文，辽宁大学，2006 年。

[3] 许翠娟：《基于利益相关者的企业控制权配置研究》，硕士学位论文，山东大学，2007 年。

[4] 刘志海：《中外合资企业控制权配置的实证研究》，硕士学位论文，山东大学，2007 年。

（六）其他文献

[1] 李荣融：《国资委直属机关深入学习和实践科学发展观活动动员大会上的讲话》，2008 年 10 月（http.//xxgk.sasac.gov.cn/gip）。

[2] 《中国投资有限责任公司章程》，2008 年（http.//www.china-inv.cn/governance/articles.html）。

[3] 《中央企业 2011 年 1 月份经营情况》，2011 年 2 月（http.//xxgk.sasac.gov.cn/gips）。